simplified
Chinese
character

중국인이 매일 쓰는

중국어
간체자
668

홍상욱 저

다락원

머리말

대학과 학원 등 다양한 학습의 장에서 학생들에게 중국어를 가르치면서 여러 가지 생각을 하게 되는데, 그 중 하나가 바로 '한자' 문제입니다. 중국대륙에는 우리가 배운 것과는 다른 간화(簡化)된 글자, 즉 간체자(簡體字)를 사용합니다. 우리가 평소 알고 있던 한자와는 또 다른 것이라는 이유 때문에 중국어가 어려울 것이라 미리 겁부터 먹고 아예 시작조차 하지 못하는 학생들을 많이 보아 왔습니다. 그러나 기본적인 중국어 구사를 위해 알아야 할 한자의 수는 사실 그리 많지 않습니다.

이 책에서는 여러분들의 중국어 학습과정에서 반드시 알아야 할 글자만을 정리해 놓았습니다. 간단한 회화를 구사할 때는 글자를 쓸 줄 몰라도 무방합니다. 하지만 이런 문맹이 되는 것을 원하는 사람은 없으시겠죠?

시중에 나와 있는 중국어 간체자 쓰기 책을 보면서 아쉬웠던 것 중 하나가 바로 실제 사용되는 우선 순위보다는 저자 개인의 생각이 많이 반영되었다는 것입니다. 이에 '반드시 알아야 할 글자가 어떤 것일까?' 하고 고민하면서 이 책을 엮게 되었습니다. 이 책의 글자들은 중국의 방송과 신문 그리고 인터넷에서 사용되는 글자들 중 사용빈도수가 높은 순서대로 정리한 것입니다.

중국어를 학습하다보면 결국 어휘량에서 실력이 판가름 난다는 것을 느끼게 됩니다. 처음 시작할 때는 글자를 알고 모르는 것이 그다지 중요하지 않다고 생각할 수도 있습니다. 그러나 글자를 모르는 상태에서의 중국어 학습은 분명히 그 한계점이 있습니다. 이 책에 나오는 글자들만 마스터하신다면 중국어 문장의 80% 이상을 해석할 수 있는 능력이 생길 것입니다.

아무쪼록 많은 중문학도들과 중극어를 배우려는 일반인들에게 도움이 되는 책이 되기를 바랍니다.

끝으로 이 책이 나오기까지 도움을 주신 다락원 사장님과 편집부 여러분, 저의 모든 학생들에게 감사를 드립니다.

홍상욱

이 교재의 특징과 구성

이 책의 글자는 총 668자이다. '6'과 '8'은 중국 사람들이 가장 좋아하는 숫자이다. '6'은 '일이 순조롭게 진행된다'라는 의미의 '流'와 발음이 비슷하고, '8'은 '재물을 얻는다'라는 의미의 '发'와 발음이 비슷하기 때문이다. 글자수를 668개로 선정한 이유는 중국어를 처음 배우며 간체자를 익히려고 하는 학습자들의 범사가 668과 같기를 바라는 마음에서이다.

이 교재의 특징은 다음과 같다.

▶ **중국의 신문, 인터넷, TV 등에 나오는 한자를 빈도순으로 정리하였다.**

중국 내 신문, 인터넷, TV에서 가장 많이 쓰이는 한자를 순위대로 정리하였으며, 이 글자들은 중국어 문장의 80%를 차지하고 있다. 이는 중국어를 시작하는 학생들이라면 기본적으로 알아야 할 상용 한자가 엑기스로 선정되었다는 것을 의미한다.

▶ **한자의 이해를 돕는 재미있는 이야기를 읽는다.**

한자의 본래 의미나 확장의미, 조자원리, 문화이야기 등의 정보를 제공하여 글자에 대한 이해력을 높이고 글자 암기 능력이 향상될 수 있도록 하였다.

▶ **생생한 현지 사진으로 간체자의 쓰임을 눈으로 익힌다.**

이 책에서는 주요 글자들을 선정해 그 단어들이 현지의 안내판, 간판, 표지판, 포스터, 신문, 책표지 등 다양한 상황에서 유용하게 쓰이는 사진자료를 실어 재미있게 한자를 쓰도록 하였다.

▶ **간체자, 번체자, 중국어를 동시에 배운다.**

우리가 이미 알고 있는 번체자(한자)와 간체자를 비교하며 익힐 수 있도록 하였고 한자의 발음기호와 중국어에서의 의미를 한자 독음 및 뜻과 함께 표기하였다.

이 교재의 본문 구성은 다음과 같다.

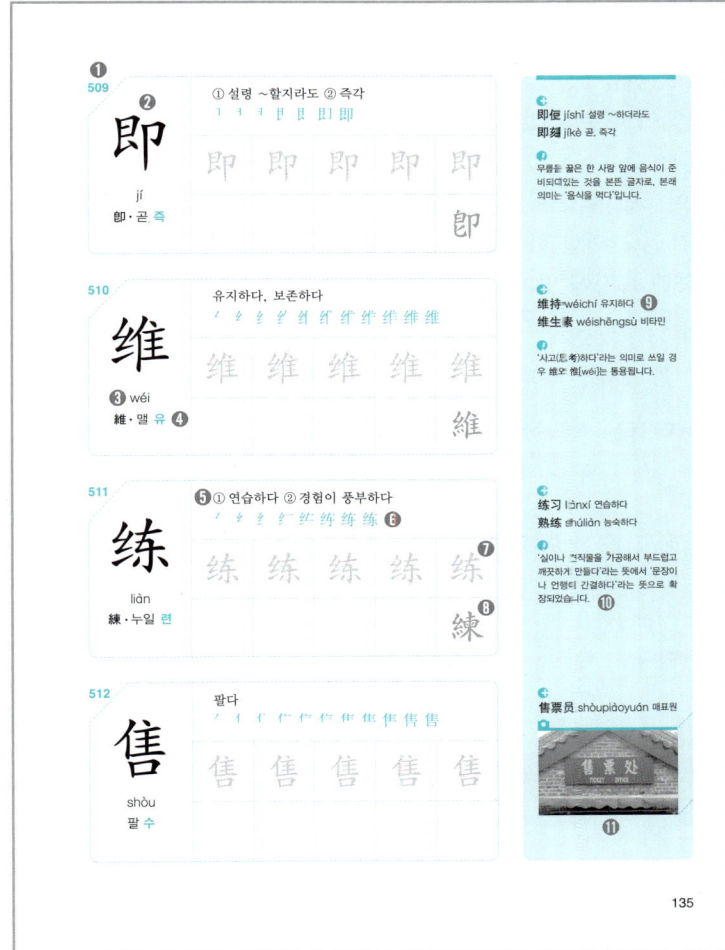

❶ 빈도순으로 나열한 순서
❷ 표제 한자
❸ 한어병음(중국어 발음기호)
❹ 표제 한자의 번체자와 독음
❺ 중국어에서의 의미
❻ 필순
❼ 간체자 쓰는 란
❽ 번체자 쓰는 란
❾ 표제 한자가 쓰인 중국어 단어
❿ 글자의 이해를 돕는 이야기
⓫ 현지에서의 쓰임을 보여주는 사진

※ 이 책에 실린 필순은 중국초등학생 학습사이트(www.shuifeng.net/pinyin.asp)를 참고하였다. 이 사이트에서 제공하는 필순자료는 1988년 중국국가어언문자공작위원회와 중국신문출판서연합에서 발표한 《现代汉语通用字笔顺规范(현대한어통용자필순규범)》을 근거하고 있다.

간체자(簡體字)에 대하여

간체자란 말 그대로 원래 한자의 필획을 줄이고 기억하는데 편리하도록 만든 글자이다. 간체자를 쓰는 중국대륙과 번체자(繁體字: 우리가 쓰는 정자)를 쓰는 대만은 자신들의 글자가 더 좋다고 여전히 팽팽히 맞서고 있다. 우리가 흔히 한자라고 알고 있는 번체자는 과거 2000여 년 전 진시황제 시절에도 이미 있었던 전통 있고 과학적인 글자이고, 생긴 지 얼마 되지는 않았지만 지금 세계인이 배우고 있는 간체자도 다음과 같은 기준을 가지고 탄생되었다.

첫째, 획수가 17획 이상인 글자를 12획 이하로 줄이지 않는다.
둘째, 오래 전부터 쓰인 간편한 한자는 그대로 사용한다.
셋째, 서예법의 규칙과 특징에 맞게 간화한다.

이런 기준 하에 다시 몇 가지 원칙이 있다.

❶ 획수가 적은 고문자 등은 적당한 글자로 대신한다.
　　義 － 义　　　　幣 － 币

❷ 부수 가운데 복잡한 것을 간화시킨다.
　　燈 － 灯　　　　溝 － 沟

❸ 글자의 일부를 취한다.
　　麗 － 丽　　　　與 － 与

❹ 글자에서 발음에 해당하는 부분을 발음이 간단한 글자로 대신한다.
　　護 － 护　　　　畵 － 画

❺ 초서체 중 일부를 해서체로 사용한다.
　　龍 － 龙　　　　書 － 书

자주 쓰이는 간화된 부수 형태

言 － 讠 : 说 / 记	門 － 门 : 闷 / 闯	辶 － 辶 : 送 / 运
食 － 饣 : 饮 / 饿	糸 － 纟 : 给 / 纹	馬 － 马 : 驴 / 驼
韋 － 韦 : 围 / 韩	車 － 车 : 军 / 轻	貝 － 贝 : 购 / 贫
見 － 见 : 视 / 观	金 － 钅 : 钱 / 银	魚 － 鱼 : 鲸 / 鲜

001

的
①de ②dí ③dì
과녁 **적**

① ~의 (것) ② 확실한 ③ 과녁

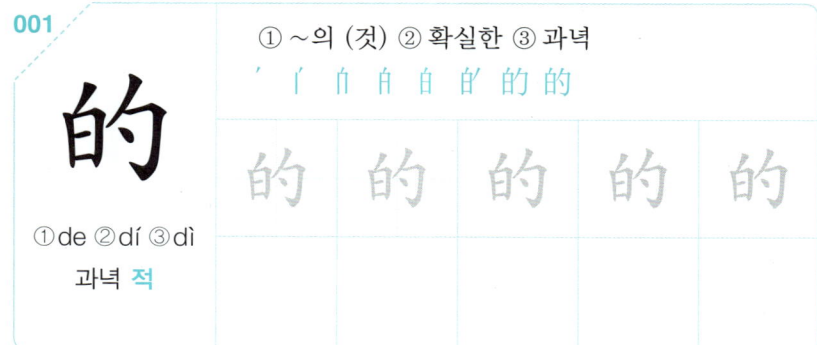

我的 wǒ de 내 것
的确 díquè 확실히
目的 mùdì 목적

002

一
yī
한 **일**

1, 하나
一

一张桌子 yì zhāng zhuōzi
테이블 하나

003

在
zài
있을 **재**

① ~에 있다 ② ~에서, ~에

在哪儿? zài nǎr? 어디에 있니?
在家 zài jiā 집에 있다

서점은 아래에 있다는 표지판

004

是
shì
옳을 **시**

① 옳다 ② ~이다 ③ 예(응답의 말)

是是非非 shì shì fēi fēi
옳고 그름을 가리다
是谁? shì shéi? 누구야?

日(날 일)+正(바를 정). 본래 의미는 '해를 향해 걸어가다'이지만, 현대중국어에서는 '옳다'라는 뜻으로 사용됩니다.

005

yǒu
있을 유

있다
一 ナ 冇 有 有 有

有什么? yǒu shénme?
무엇이 있나요?

手(손 수)+肉(고기 육), 고기를 가지고 있는 사람을 본뜬 글자입니다.

006

guó
國 · 나라 국

나라
丨 冂 冂 冃 囯 囯 国 国

中国 Zhōngguó 중국

중국 시장토론회

007

le
어조사 료

(동태조사, 어기조사로 쓰임)
了 了

吃了 chī le 먹었다

了는 ①동사나 형용사 뒤에 쓰여 동작 또는 변화가 완료되었음을 나타내거나 ②문장 말미나 끊어지는 곳에 쓰여 변화 또는 새로운 상황의 출현을 표시합니다.

008

①zhōng ②zhòng
가운데 중

① 한가운데 ② 맞히다/당하다
丨 冂 ㅁ 中

中心 zhōngxīn 중심, 센터
中风 zhòngfēng 중풍에 걸리다

갑골문에서는 깃발이 휘날리는 모양에서 나온 것이라고 합니다.

009 人 rén 사람 인 — 사람 — ノ人

外国人 wàiguórén 외국인

사람이 서 있는 옆모습을 본뜬 글자입니다.

010 不 bù 아니 불/부 — ~아니다 — 一ブ才不

不买 bù mǎi 사지 않다

노트북 광고

011 大 dà 클 대 — 크다 — 一ナ大

大自然 dàzìrán 대자연

사람의 모양에서 나온 글자입니다. 사람이 만물 중에서 아주 큰 의미를 지닌 존재라는 뜻이지요.

012 年 nián 해 년 — 해, 년 — ノ 𠂉 二 午 年 年

明年 míngnián 내년

禾(쌀 벼)+人(사람 인). 일 년에 한 번 벼농사를 짓는 것에서 한 해라는 의미가 나왔습니다.

013

① 행하다 ② ~을 위하여

为
①wéi ②wèi
爲·향할, 위할 위

行为 xíngwéi 행위
为了 wèile ~을 위하여

014

위

上
shàng
위 상

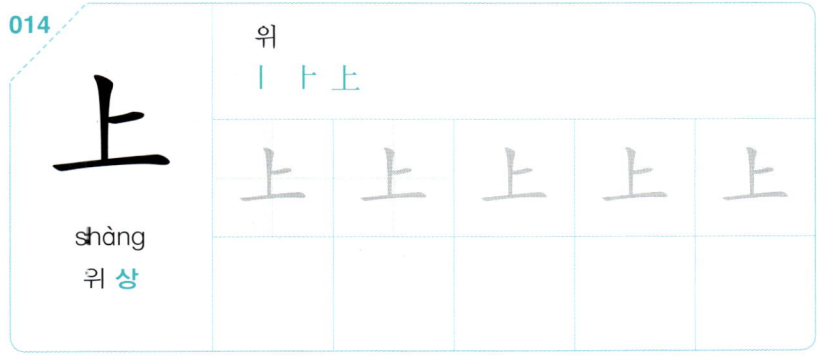

上面 shàngmiàn 위, 위쪽

사람이 정상에 서 있는 듯한 모습입니다.

015

이(것)

这
zhè
這·이 저

这儿 zhèr 여기
这样 zhèyàng 이렇게

노는 철학에 대한 책 표지

016

① 평화롭다 ② ~와

和
hé
화목할 화

和平 hépíng 평화(롭다)

고문자에서 쓰인 和는 지금보다 훨씬 복잡합니다. 악기의 형상을 본뜬 글자로서, 그 소리가 조화롭고 평화롭게 들린다는 뜻에서 나왔답니다.

017

个 ge
個 · 낱 개

개(수를 세는 양사)
丿 人 个

个

几个 jǐ ge 몇 개

원래 '대나무 줄기'라는 뜻이었으나 현대에 와서 '하나하나, 낱개'라는 의미로 변형되었습니다.

018

会 huì
會 · 모일 회

① 모이다/만나다 ② (배워서) ~할 수 있다
丿 人 人 仝 슌 会

會

会说 huì shuō 말할 줄 알다

亚太城市市长峰会首次
아태도시 시장 일차정상회담

019

日 rì
날 일

① 해 ② 날
丨 冂 日 日

今日 jīnrì 오늘

갑골문에서는 타원형 가운데에 가로 획이 그어진 것으로, 모양이 태양과 비슷합니다.

020

时 shí
時 · 때 시

① 때 ② 시간
丨 冂 日 日 日- 时 时

時

时间 shíjiān 시간

日(날 일)+寺(절 사). 예전에는 시간에 관한 모든 기준이 태양이었답니다.

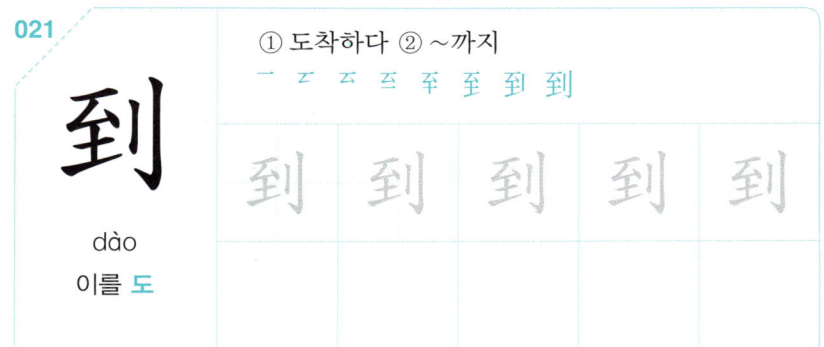

021 到 dào 이를 도
① 도착하다 ② ~까지
一 Z 工 至 至 到 到

到哪儿? dào nǎr? 어디 가세요?

至(이를 지)+刂(칼 도). 刂가 발음으로 쓰였습니다.

022 出 chū 날 출
나가다, 나오다
一 凵 屮 出 出

出口 chūkǒu 출구, 수출하다
进出口 jìnchūkǒu 수출입

출구 표지판

023 行 ①xíng ②háng 행할 행
① 가다/가능하다 ② 줄/종목
丿 丿 彳 彳 行 行

行人 xíngrén 행인
行列 hángliè 행렬, 대열

사거리를 본뜬 모양에서 나온 글자입니다.

024 报 bào 報·알릴 보
알리다
一 十 扌 扩 护 报 报

报告 bàogào 보고(하다)

두 손에 수갑을 찬 죄인이 판결을 기다리고 있는 모습에서 나온 글자입니다.

025

新
xīn
새 신

새롭다

丶 丶 立 立 立 辛 辛 辛 亲 亲 新 新 新

新 新 新 新 新

新年 xīnnián 신년, 새해

薪(땔나무 신)의 본래 글자로 오른쪽은 도끼를, 왼쪽은 나무를 한다는 의미를 나타냅니다. 장작을 새로 만드는 것에서 '새롭다'라는 의미가 나왔답니다.

026

我
wǒ
나 아

나(1인칭)

一 二 于 手 我 我 我

我 我 我 我 我

我妈 wǒ mā 우리 엄마

원래는 무기의 한 종류를 뜻했는데 잘 사용되지 않다가 '나'를 뜻하는 글자가 되었습니다.

027

对
duì
對 · 대답할 대

① 맞다 ② ~에 대하여

フ ヌ ヌ 对 对

对 对 对 对 对
                    對

对不对? duì bu duì?
맞니 안 맞니?

부모가 자녀에게 해야 할 100가지 말

028

发
① fā ② fà
發 · 쏠 발

① 보내다 ② 머리카락

一 ナ 芀 发 发

发 发 发 发 发
                    發

发短信 fā duǎnxìn
문자메시지를 보내다
理发 lǐ fà 이발하다

번체자의 弓(활 궁)에 주목하세요. 화살을 쏘듯이 빠르게 보내는 것을 뜻한답니다.

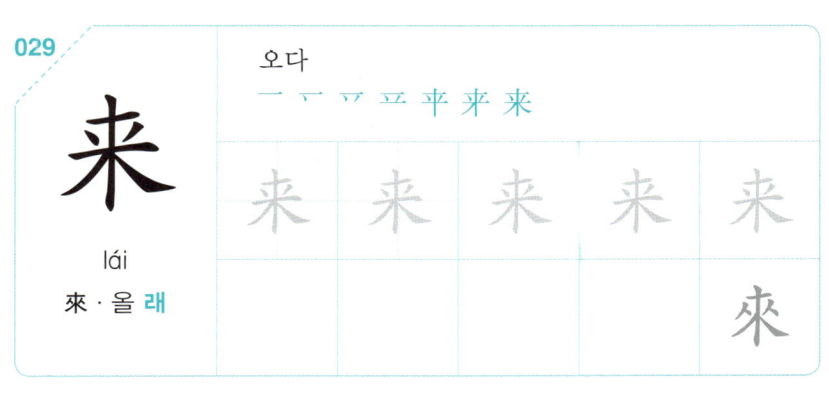

029 来 lái 來·올 래
오다
一 厂 厂 戸 平 来 来

来访 láifǎng 내방(하다)

기본 의미는 '오다'이지만, 현대중국어에서는 행위의 적극성을 강조하는 데에도 많이 사용됩니다.

030 市 shì 저자 시
시장
丶 亠 广 方 市

市场 shìchǎng 시장

시장

031 业 yè 業·업 업
일, 직업
丨 丨 丬 业 业

职业 zhíyè 직업

기업가들의 친목도모 행사

032 以 yǐ 써 이
~로써
丨 乚 以 以

以牙还牙 yǐ yá huán yá
이에는 이

033

要 yào
중요할 요

① 원하다 ② ~할 것이다

一 一 一 一 一 西 要 要 要

要什么? yào shénme?
무엇을 원하십니까?

손으로 허리를 받치고 있는 모양에서 나온 글자인데, 후에 腰(허리 요)가 생기고 나서 '중요하다'라는 뜻으로 쓰이게 되었습니다.

034

生 shēng
날 생

① 태어나다 ② 생기다

丿 丄 屮 生 生

出生 chūshēng 출생하다

땅으로부터 생명이 돋아나는 모양에서 만들어진 글자입니다.

035

他 tā
남 타

그(3인칭)

丿 亻 亻 他 他

他们 tāmen 그들

원래 남성, 여성, 사물의 구분 없이 사용되던 글자였으나 현대에 와서는 주로 남성을 지칭합니다.

036

经 jīng
經·날 경

경과하다

乙 幺 纟 纱 经 经 经

經

经过 jīngguò
경과하다, 경험하다

생리불순약

16

家 jiātíng 가정

지붕 밑에 돼지가 있는 것을 나타낸 글자입니다. 과거에 사람은 위층, 돼지는 아래층에 사는 형태가 많았는데요, 중국 일부 지역에는 이런 가옥이 아직도 남아 있답니다.

地方 dìfang 장소, 곳
地址 dìzhǐ 주소

成功 chénggōng 성공하다
成果 chéngguǒ 성과

公共 gōnggòng 공공의, 공용의

041

후, 다음
一 厂 厂 斤 后 后

hòu
後 · 뒤 **후**

後

➕ 以后 yǐhòu 이후에

📝 后와 後는 원래 다른 글자이지만 중국대륙에서 한자를 간화시키면서 같은 글자인 것처럼 되어버렸답니다.

042

장소
一 十 土 圬 圬 场

chǎng
場 · 마당 **장**

場

➕ 足球场 zúqiúchǎng 축구장

📝 土(흙 토)+陽(볕 양). 해가 드는 곳이란 의미입니다.

043

~들
丿 亻 亻 仃 们

men
們 · 들 **문**

們

➕ 我们 wǒmen 우리들

📝 사람을 지칭하는 명사나 대명사의 뒤에 쓰여 복수를 나타냅니다.

044

~하는 자
一 十 土 耂 耂 者 者 者

zhě
者 · 놈 **자**

者

➕ 学者 xuézhě 학자
目击者 mùjīzhě 목격자

045 多 duō 많을 다 — 많다

很多 hěn duō 매우 많다

夕(저녁 석)은 肉(고기 육)을 나타냅니다. 고기가 두 덩어리니 '많다'는 의미가 된 것입니다.

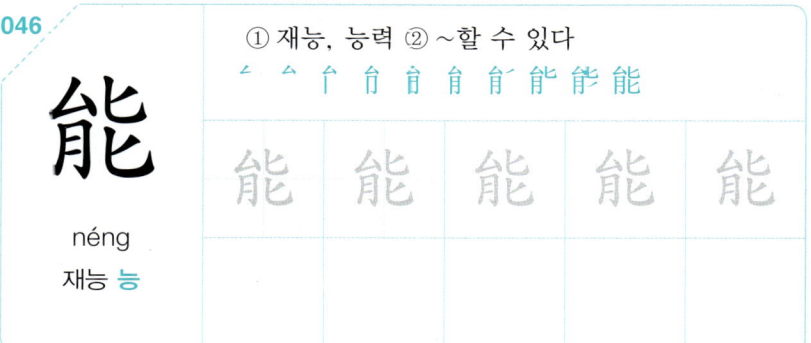

046 能 néng 재능 능 — ① 재능, 능력 ② ~할 수 있다

能来 néng lái 올 수 있다

과학교사 커리큘럼 능력 개선 모임

047 本 běn 뿌리 본 — 근본, 기초

本质 běnzhì 본질, 본성

木(나무 목)+一(한 일). 밑부분에 나무 뿌리를 나타내는 가로획이 있습니다.

048 作 zuò 지을 작 — ① 하다 ② 만들다

作品 zuòpǐn 작품
作业 zuòyè 숙제

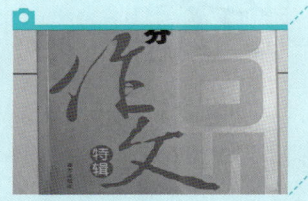

입시용 작문 도서

049

现
xiàn
现 · 나타날 현

① 현재, 지금 ② 나타나다

一 二 于 于 珋 现 现 现

现在 xiànzài 현재, 지금
出现 chūxiàn 출현하다

050

就
jiù
이룰 취

① 곧, 즉시, 당장 ② 일을 시작하다

丶 亠 亠 亠 亨 亨 京 京 就 就 就

就业 jiùyè 취업하다

취업, 창업, 성공에 관한 필독서

051

于
yú
어조사 우

~에, 에서

一 二 于

于 于 于 于 于

对于 duìyú ~에 대해서
关于 guānyú ~에 관하여

052

分
fēn
나눌 분

① 나누다 ② 분(시간) ③ 점(성적이나 경기 점수)

丿 八 今 分

分开 fēnkāi 나누다
5分 wǔ fēn 5분
100分 yìbǎi fēn 100점

칼(刀)을 이용하면 여덟(八)로 똑같이 나누기 편리하겠지요. 여기서 '나누다'라는 의미가 생겼답니다.

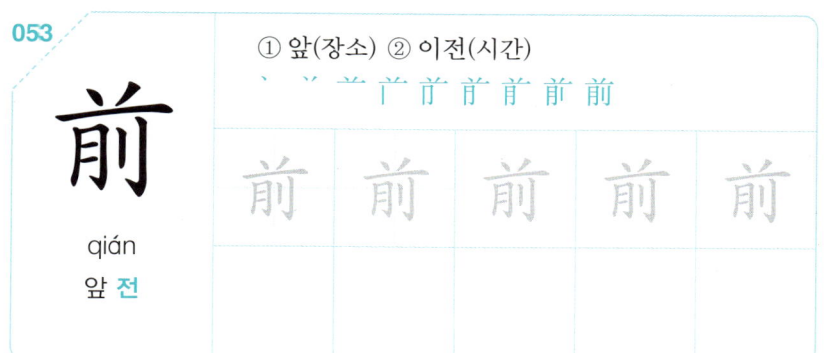

053 前 qián 앞 전
① 앞(장소) ② 이전(시간)

门前 ménqián 문 앞
以前 yǐqián 이전에

止(발 지)+舟(배 주). '앞으로 나아가다'라는 의미입니다.

054 进 jìn 進·나아갈 진
① 나아가다 ② 들어가다

进去 jìnqù 들어가다

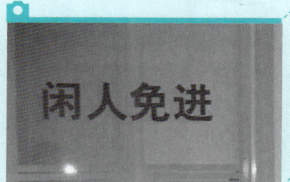

관계자 외 출입금지

055 部 bù 거느릴 부
부분

内部 nèibù 내부
干部 gànbù 간부

部는 한나라 때 땅 이름을 적기 위한 것이었다고 합니다.

056 也 yě 어조사 야
~도 또한

这个也好 zhè gè yě hǎo
이것도 좋다

TV드라마

057

方 fāng
모 방

사변형, 육면체
丶 亠 方 方

方的 fāngde 네모

농기구 모양에서 나온 글자라고 합니다.

058

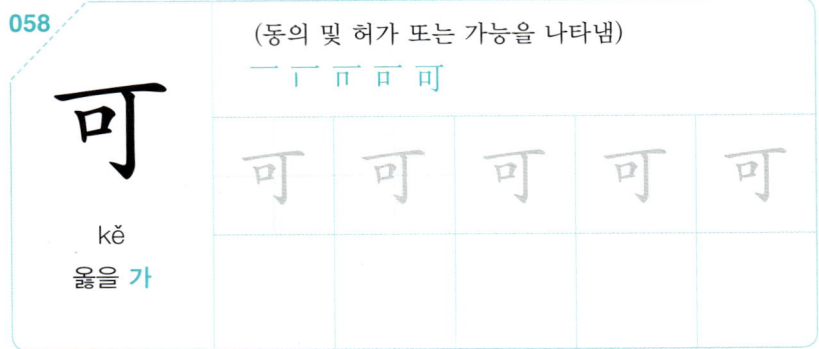

可 kě
옳을 가

(동의 및 허가 또는 가능을 나타냄)
一 丆 丅 可 可

可以 kěyǐ
~할 수 있다, ~해도 좋다

이용가능한 토지자원

059

下 xià
아래 하

① 밑 ② 다음 ③ 내려가다
一 丅 下

下面 xiàmiàn 아래쪽
下星期 xiàxīngqī 다음주
下去 xiàqù 내려가다

060

全 quán
온전할 온

전체의
丿 人 △ 仐 仝 全

全部 quánbù 전부

아랫부분의 王은 왕이 아니라 玉(구슬 옥)입니다. '옥은 순수하다'에서 '전체'라는 의미가 된 것입니다.

061

得

①dé ②de
얻을 득

① 얻다 ② (동사와 보어 사이에서 가능, 정도 등을 나타냄)

ノ 彳 彳 彳 彳 得 得 得 得 得 得

得 得 得 得 得

得分 dé fēn 득점하다
听得懂 tīng de dǒng 알아들을 수 있다

062

将

jiāng
將 · 장차 장

장차, 막

丶 丬 丬 爿 爿 爿 将 将 将

将 将 将 将 将

将来 jiānglái 장래, 미래

영화포스터

063

月

yuè
달 월

달

丿 几 月 月

月 月 月 月 月

月底 yuèdǐ 월말

혼자 쓰이면 1월, 2월을 뜻하는 '월'이 지만 肚(배 두), 肥(살찔 비) 등 다른 글자의 부수로 쓰이면 '肉(고기 육)' 입니다.

064

法

fǎ
법 법

① 법 ② 방법

丶 丶 氵 氵 汁 注 法 法

法 法 法 法 法

没办法 méi bànfǎ 방법이 없다
法国 fǎguó 프랑스

065

说
shuō
說 · 말씀 설

말하다
丶 亻 讠 讠 讠 讴 说 说

说话 shuō huà 말하다

말하는 장미

066

过
① guò ② guo
過 · 지날 과

① 지나다/경과하다 ② (동사 뒤에서 동작의 완료나 과거를 나타냄)
一 亻 寸 寸 讨 过

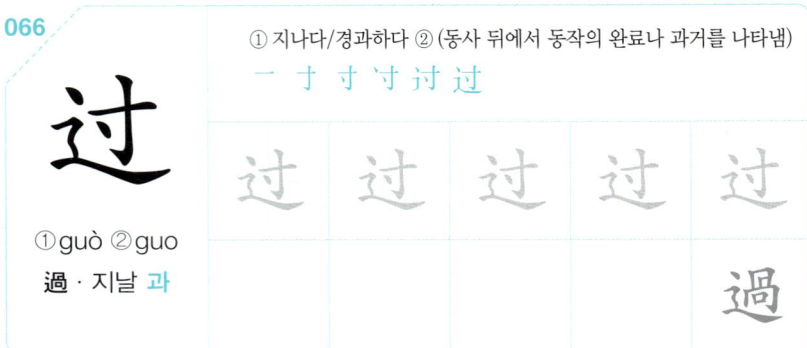

过去 guòqù 지나가다
吃过 chīguo 먹어 본 적이 있다

067

员
yuán
員 · 인원 원

(어떤 분야에 종사하고 있는 사람)
丨 口 口 口 员 员 员

服务员 fúwùyuán
(서비스업의) 종업원

068

开
kāi
開 · 열 개

① 열다 ② 시작하다
一 二 于 开

打开书 dǎkāi shū 책을 펴다
开门 kāi mén
영업을 시작하다, 문을 열다

069 民 mín 백성 민 — 백성, 국민

国民 guómín 국민

갑골문에서는 한쪽 눈이 바늘에 찔린 모습을 그린 것이었습니다. 그래서 당태종 이세민(民)이 고구려와의 전투에서 한쪽 눈을 잃은 것일까요?

070 学 xué 學·배울 학 — 배우다

学生 xuésheng 학생
学汉语 xué hànyǔ
중국어를 배우다

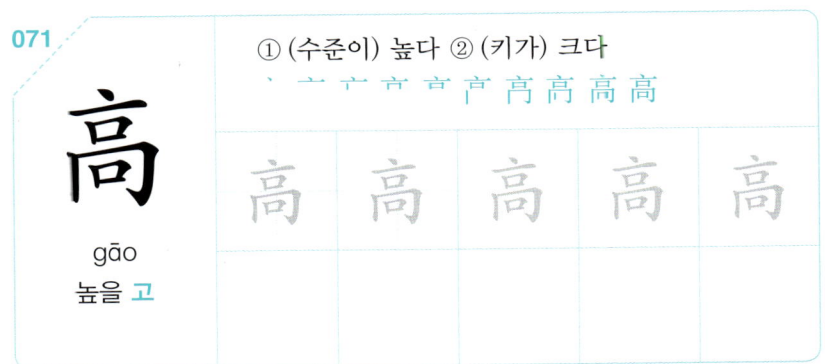

071 高 gāo 높을 고 — ① (수준이) 높다 ② (키가) 크다

水平高 shuǐpíng gāo
수준이 높다
个子高 gèzi gāo 키가 크다

높게 서 있는 탑과 글자 모양이 비슷하지요?

072 工 gōng 장인 공 — 노동, 작업

工作 gōngzuò 일

노동자 운동회 폐막식

073

天 tiān
하늘 천

① 하늘 ② 날
一 二 于 天

- 天气 tiānqì 날씨
- 昨天 zuótiān 어제

사람을 형상하는 大(큰 대) 위에 一(한 일)을 올려놓으니, 그것이 바로 하늘이지요.

074

动 dòng
動·움직일 동

움직이다
一 二 云 云 动 动

- 动物 dòngwù 동물

야생동물 포획 금지 표지판

075

车 chē
車·수레 차

차
一 ㄈ 丘 车

- 自行车 zìxíngchē 자전거
- 开车 kāi chē 운전하다

076

自 zì
스스로 자

① 자기, 자신 ② 스스로
丿 亻 冂 白 自 自

- 亲自 qīnzì 친히, 직접

중국인과 일본인은 자신을 가리킬 때 검지로 자신의 코를 가리키는 습관이 있습니다. 鼻(코 비)의 맨 위에 있는 自가 보이시나요?

077

今 jīn 이제 금

① 이제 ② 지금의

丿 亼 스 今

今天 jīntiān 오늘
今年 jīnnián 올해

078

主 zhǔ 주인 주

① 주인 ② 가장 주요한

丶 亠 主 主 主

主人 zhǔrén 주인
主要 zhǔyào 주요하다, 대부분

호롱불 모양을 본뜬 글자로, 맨 윗부분이 심지를 나타냅니다.

079

用 yòng 쓸 용

① 쓰다, 사용하다 ② 비용

丿 冂 冂 月 用

公用 gōngyòng 공공으로 사용하다
费用 fèiyòng 비용

080

关 guān
關 · 빗장 관

닫다

丶 丷 䒑 关 关

關

关门 guān mén 폐업하다

상점 영업 시간

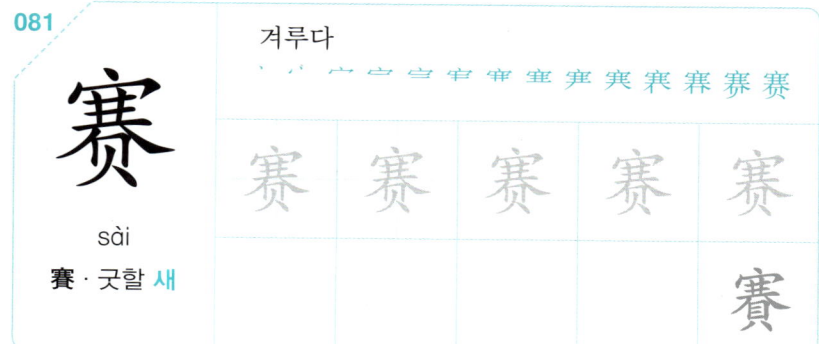

081 賽 sài
賽·굿할 새
겨루다

比赛 bǐsài 시합(하다)

돈을 뜻하는 貝(조개 패)가 보이네요. 옛날에도 각종 운동경기에 도박을 거는 일이 있었나 봅니다.

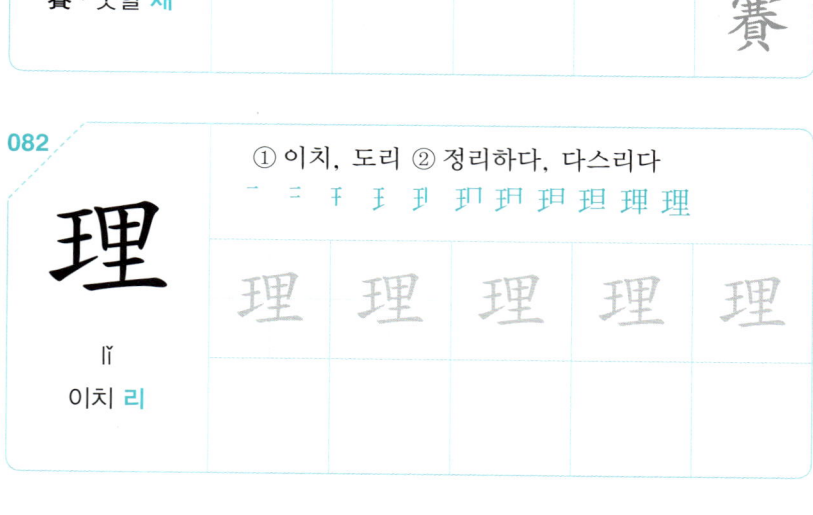

082 理 lǐ
이치 리
① 이치, 도리 ② 정리하다, 다스리다

有道理 yǒu dàoli 일리가 있다
整理 zhěnglǐ 정리하다

理에서 王은 玉(구슬 옥)입니다.

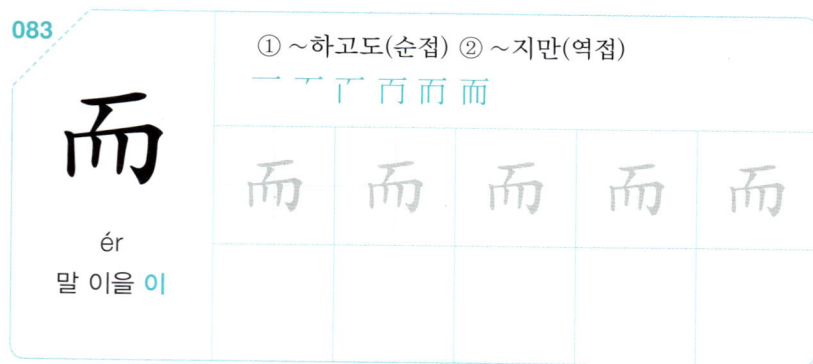

083 而 ér
말 이을 이
① ~하고도(순접) ② ~지만(역접)

而已 éryǐ ~만, ~뿐

084 队 duì
隊·대오 대
팀

足球队 zúqiúduì 축구팀

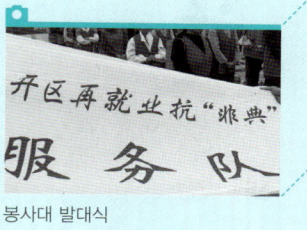

봉사대 발대식

085

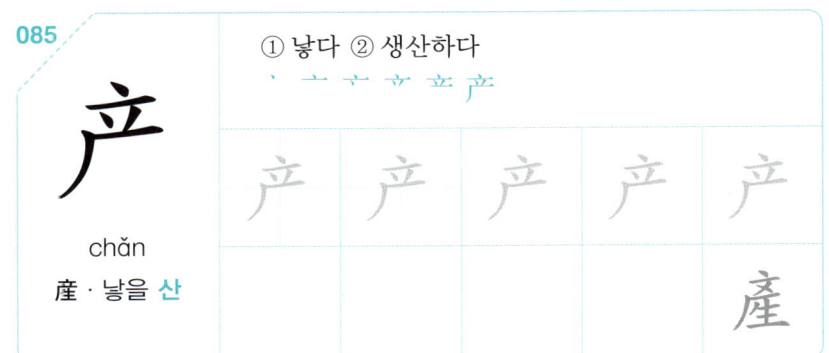

产 chǎn
産 · 낳을 산
① 낳다 ② 생산하다

生产 shēngchǎn 생산하다

최근에는 '간체자와 번체자를 다 배워야 한다'는 분위기입니다. 한때 대만에서 간체자를 두고 '産(낳을 산)의 生(날 생)이 없는데 어떻게 낳나?'라며 비웃기도 했습니다

086

都 ①dōu ②dū
都 · 코두, 도시 도
① 모두 ② 대도시

都来 dōu lái 모두 오다

도시 관광버스

087

力 lì
힘 력
힘

努力 nǔlì 노력하다, 힘쓰다

농기구 모양에서 나온 글자입니다.

088

体 tǐ
體 · 몸 체
몸, 신체

体育馆 tǐyùguǎn 체육관

人(사람 인)+本(근본 본). 사람의 근본이 바로 몸입니다.

089

比
bǐ
견줄 비

① 비교하다 ② ~보다

一 匕 比 比

比 比 比 比 比

比较 bǐjiào 비교하다
比昨天冷 bǐ zuótiān lěng
어제보다 춥다

090

实
shí
實·열매 실

① 충실하다 ② 진실한

丶 宀 宀 宀 宀 实 实

实 实 实 实 实

實

实在 shízài 진실하다, 사실상
事实 shìshí 사실

091

所
suǒ
바 소

① 장소 ② (한정어로 사용되어 명사를 꾸며 줌)

一 厂 斤 斤 斤 所 所 所

所 所 所 所 所

厕所 cèsuǒ 화장실
所谓 suǒwèi ~라는 것은, 소위

092

最
zuì
가장 최

① 가장, 제일 ② 최고

丨 冂 冂 曰 旦 旱 昌 류 最 最

最 最 最 最 最

最初 zuìchū 최초

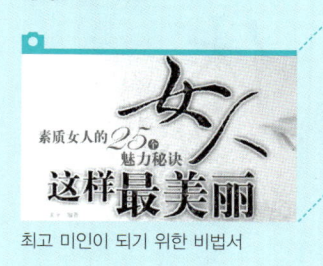

최고 미인이 되기 위한 비법서

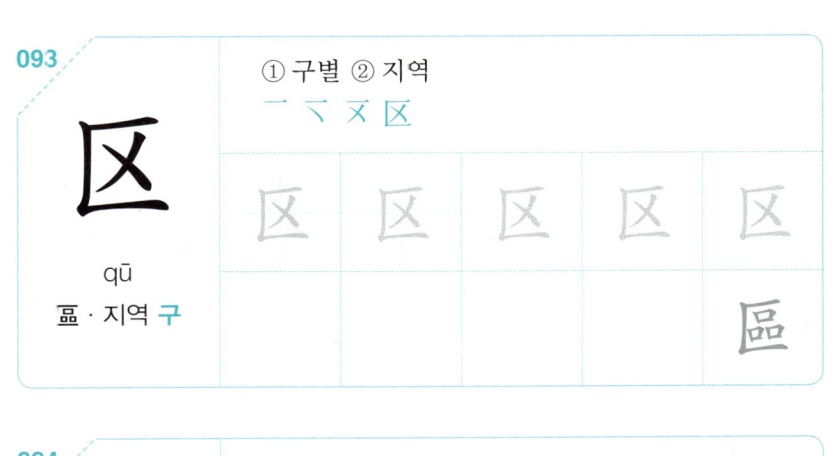

093 区 qū 區·지역 구
① 구별 ② 지역

094 资 zī 資·재물 자
재화, 자원

095 面 miàn 얼굴 면
① 얼굴 ② 방면, 쪽

096 球 qiú 공, 옥 구
① 구(원형의 입체물) ② 공

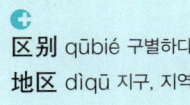
区别 qūbié 구별하다
地区 dìqū 지구, 지역

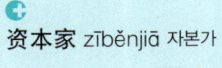
资本家 zīběnjiā 자본가

10억 자산 달성

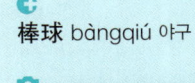
面子 miànzi 체면, 얼굴
下面 xiàmiàn 아래쪽

面의 안쪽 口부분은 눈을 뜻합니다.

棒球 bàngqiú 야구

농구화 광고판

097

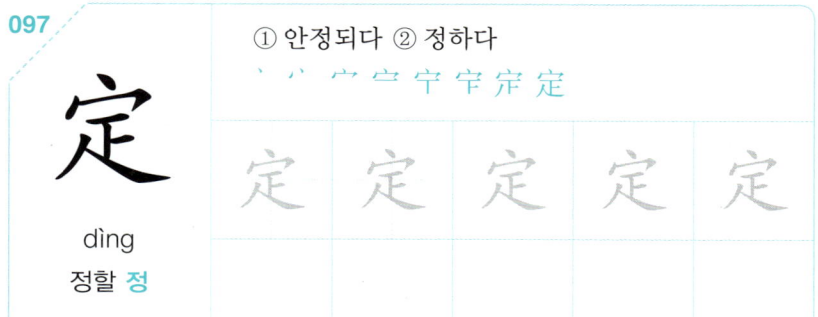

定 dìng 정할 정

① 안정되다 ② 정하다
丶 丶 宀 宀 宁 宇 定 定

定价 dìngjià 정가

중국에서 방영된 한국 드라마

098

事 shì 일 사

① 일 ② 사건
一 亓 亓 亓 写 写 事

事情 shìqing 일, 사건, 업무
没事 méi shì 괜찮다

붓을 들고 사무를 보던 모습에서 나온 글자입니다.

099

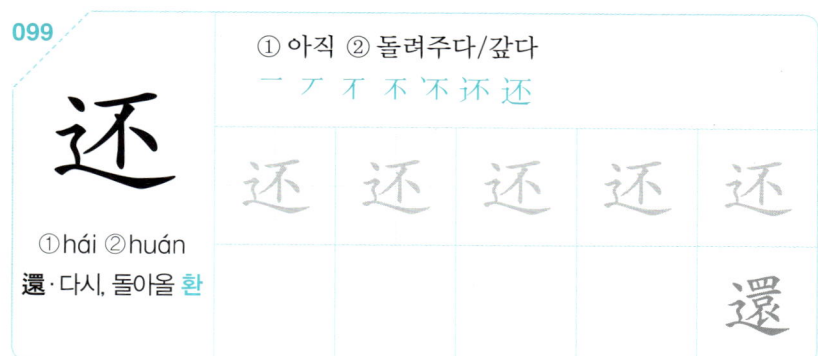

还 ①hái ②huán
還·다시, 돌아올 환

① 아직 ② 돌려주다/갚다
一 フ ォ 不 不 还 还

还是 háishi 아직도, 여전히
还给 huángěi ~에게 돌려주다

현대중국어에서는 '아직'이라는 의미의 부사어로 많이 쓰입니다.

100

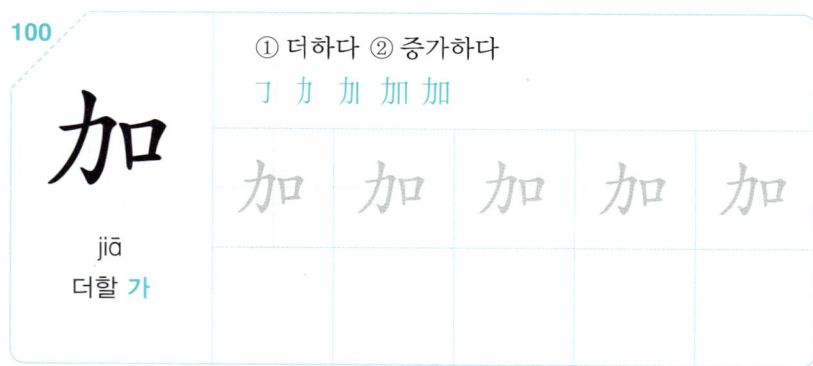

加 jiā 더할 가

① 더하다 ② 증가하다
フ 力 加 加 加

加大 jiādà 확대하다, 늘리다

力(힘 력)+口(입 구). '힘주어 말하다'에서 '추가하다'로 뜻이 변하였습니다.

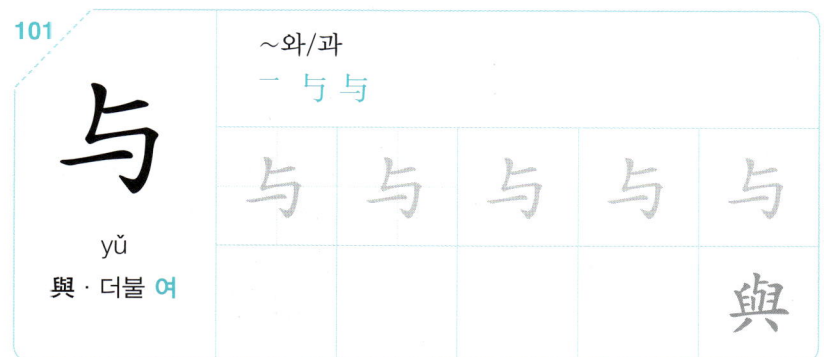

101 与 yǔ
與 · 더불 여
~와/과
一 与 与

与众不同 yǔ zhòng bù tóng
보통 사람과 다르다

葭萌关，残墙古道与美
가맹관 광고 기사

102 同 tóng
같을 동
① 같다 ② ~과
丨 冂 冂 同 同 同

大同小异 dà tóng xiǎo yì
대동소이하다, 비슷비슷하다

凡(무릇 범)+口(입 구). 서로 비슷비슷한 '평범한 사람들이 모이다'에서 '함께' 혹은 '같다'라는 의미가 나왔습니다.

103 长 ①cháng ②zhǎng
長 · 길, 어른 장
① 길다 ② 나다/성장하다
丿 一 长 长

多长？ duō cháng?
얼마나 길어요?
成长 chéngzhǎng 성장하다

104 机 jī
機 · 틀 기
기계, 기구
一 十 オ 木 机 机

手机 shǒujī 휴대전화

고대에 机는 '나무 이름', 機는 '석궁에 화살을 쏘기 위한 장치'를 나타내던 각기 다른 글자였습니다. 그러나 글자를 간화시키면서 한 글자가 되었답니다.

105

之
zhī
갈 지

~의

丶ノ之

之下 zhīxià ~의 아래

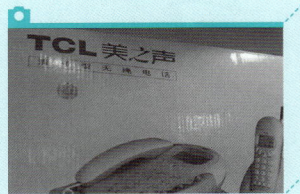
전화기 광고

106

子
① zǐ ② zi
아들, 어조사 자

① 아들 ② (명사 뒤에 붙어 일상 생활용품 등을 나타냄)

フ了子

子女 zǐnǚ 자녀
桌子 zhuōzi 탁자

갓난아이의 모습에서 나온 글자랍니다.

107

元
yuán
으뜸 원

① 처음, 시작 ② 원(화폐 단위)

一 二 テ 元

元旦 Yuándàn 양력 1월 1일
10元 shí yuán 10위안

二(두 이)+人(사람 인). 사람의 제일 윗부분에 머리가 합쳐진 글자로 '최고'를 뜻합니다.

108

记
jì
記・기억할 기

① 기억하다 ② 기록하다

丶 讠 记 记 记

记性 jìxing 기억력
记录 jìlù 기록(하다)

109 小 xiǎo 작을 소 — 작다 丿小小

小意思 xiǎo yìsi 작은 성의

갑골문을 보면 세 개의 작은 점들로 표시되어 있습니다.

110 合 hé 합할 합 — ① 합치다 ② 부합되다 ノ 人 ㅅ 合 合 合

合作 hézuò 합작(하다), 협력(하다)

시회 발전 협력 교류회

111 电 diàn 電·번개 전 — 전기 丨 冂 日 甩 电

电脑 diànnǎo 컴퓨터

번개 치는 모양을 본뜬 글자로, 여기에 雨(비 우)를 더하면 번체자가 됩니다. 바람 불고 번개 치는 것처럼 빠른 것이 바로 '전기'지요?

112 内 nèi 안 내 — 안 丨 冂 內 內

内部 nèibù 내부

사람(人)이 안에 들어가 있는 모양으로 '안'을 뜻합니다.

113

第 dì 차례 제

제(수사 앞에 쓰여 차례를 나타냄)

第一 dì yī 첫째

대회 1·2·3위 입상자들

114

名 míng 이름 명

이름

ノ ク タ タ 名 名

名字 míngzi 이름

夕(저녁 석)+口(입 구). 예전에는 날이 어두워지면 사람도 잘 안 보여서 상대방 이름을 불러야만 서로를 확인할 수 있었지요. 거기서 '이름'을 뜻하는 글자가 된 것입니다.

115

重 zhòng 무거울 중

① 무겁다 ② 중요하다

体重 tǐzhòng 체중
重视 zhòngshì 중시(하다)

116

美 měi 아름다울 미

아름답다

美好 měihǎo 좋다, 훌륭하다

羊(양 양)+大(큰 대). 羊은 동물의 깃털이나 뼈로 만든 장신구, 大는 사람 형상입니다. 사람이 예쁘게 단장한 모습을 나타냅니다. 또 양이 살이 쪄 커지면 그것을 아름다운 것으로 보았다고 하네요.

117

其
qí
그 기

그(의), 그들(의)
一 十 卄 丗 甘 苴 其 其

其中 qízhōng 그 중

혈압 이상의 위험 및 그 예방

118

表
biǎo
겉 표
錶·몸시계 표

① 겉 ② 시계
一 二 三 主 专 声 表 表

表面 biǎomiàn 표면
手表 shǒubiǎo 손목시계

毛(털 모)+衣(옷 의). 毛衣[máoyī 털옷]를 생각하면 됩니다. 털옷은 겉옷이지 속옷이 아니지요. 그래서 '겉'이라는 뜻이 생긴 것입니다.

119

价
jià
價·값 가

① 값, 가격 ② 가치
ノ 亻 亻 价 价 价

价钱 jiàqian 가격
价值 jiàzhí 가치

人(사람 인)과 돈에 해당하는 貝(조개 패)가 있네요. 사람들이 관심을 가지는 돈, 즉 물건 값을 뜻합니다.

120

深
shēn
깊을 심

깊다
丶 丶 氵 氵 氵 浐 浐 浐 浑 深 深

深入 shēnrù 깊이 파고들다

영화 포스터

121

当 dāng
當 · 당할 당

① 상당하다 ② (일을) 맡다
丨 丬 ㄴ 当 当 当

当　当　当　当　当
　　　　　　　　　當

相当好 xiāngdāng hǎo
　　상당히 좋다
当老师 dāng lǎoshī
　　선생님이 되다

'징글벨'을 중국어로 '叮叮当[dīng dīng dāng]'이라 한답니다.

122

通 tōng
통할 통

통하다
㇀ 丂 𠃌 乃 甬 甬 甬 诵 通 通

通　通　通　通　通

通行 tōngxíng 통행하다

통행금지 표지판

123

明 míng
밝을 명

① 밝다 ② 명백하다
丨 冂 冂 日 日' 明 明 明

明　明　明　明　明

明白 míngbai
　　이해하다, 명백하다

日(날 일)과 月(달 월)은 모두 어둠을 밝혀주는 빛이지요. 그러니 明은 아주 밝음을 의미하겠지요?

124

但 dàn
다만 단

① 그러나 ② 다만, 오직
丿 亻 但 但 但 但

但　但　但　但　但

但是 dànshì 그러나
但愿 dànyuàn 단지 ~를 원하다

125 特 tè 특히 **특**
① 특별하다 ② 특히, 아주

特别 tèbié 특별하다
特好 tè hǎo 매우 좋다

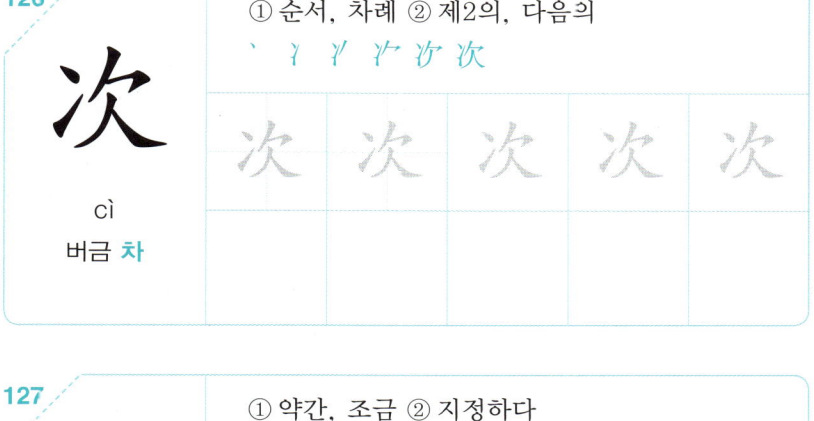

126 次 cì 버금 **차**
① 순서, 차례 ② 제2의, 다음의

一次 yí cì 한 차례
次要 cìyào 부차적인

TV 오락 프로그램

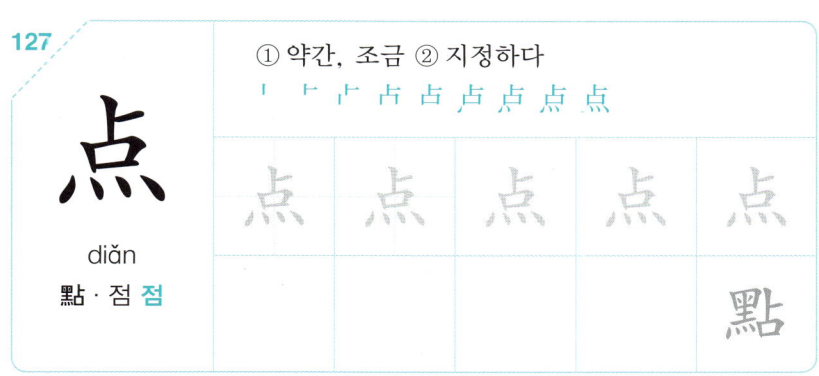

127 点 diǎn 點·점 **점**
① 약간, 조금 ② 지정하다

一点儿 yìdiǎnr 조금
点菜 diǎn cài 요리를 주문하다

128 司 sī 맡을 **사**
담당하다

司机 sījī 운전사

后(임금 후)를 뒤집어 놓은 글자로 '임금을 섬기다'라는 뜻에서 '맡다, 담당하다'의 뜻으로 사용되고 있습니다.

129 等 děng 등급 등

① 등급 ② 기다리다 ③ 등, 따위

等级 děngjí 등급
等待 děngdài 기다리다
等等 děngděng 기타, 등등

竹(대 죽)+寺(절 사). 기관(寺)에서 사용하는 죽간(竹)을 가리킵니다. 예전엔 죽간이 종이를 대신했지요? 이것의 크기가 비슷한 것에서 나온 글자랍니다.

130 金 jīn 쇠 금

① 돈 ② 금

金牌 jīnpái 금메달

금융 업무 좌담회

131 目 mù 눈 목

① 눈 ② 주시하다

目标 mùbiāo 목표

사람의 눈 모양을 본뜬 글자입니다.

132 外 wài 바깥 외

밖, 바깥

门外 ménwài 문 밖
外语 wàiyǔ 외국어

夕(저녁 석)+卜(점 복).

133

心
xīn
마음 심

마음
丶 心 心 心

心 心 心 心 心

🔊 **真心** zhēn xīn 진심

미끄럼 주의

134

利
lì
이로울 리

이롭다
一 二 千 千 禾 利 利

利 利 利 利 利

🔊 **利息** lìxī 이자

💡 禾(벼 화)+刀(칼 도). 곡식을 칼로 베어내면 이익이 생기지요?

135

政
zhèng
정사 정

정치
一 丁 下 正 正 正 政 政 政

政 政 政 政 政

🔊 **政治** zhèngzhì 정치

💡 정월(正月)에서 正(바를 정)은 원래 제4성이지만 진시황제의 이름인 政과 같다 하여 제1성으로 발음합니다.

136

制
zhì
製 · 지을 제

만들다
丿 一 一 二 二 与 朱 制 制

制 制 制 制 制
                                          製

🔊 **中国制造** Zhōngguó zhìzào 메이드 인 차이나

137

广
guǎng
廣 · 넓을 광

① 넓다 ② 확대하다

广大 guǎngdà 광대하다
广播 guǎngbō 방송하다

黃(누를 황)의 발음을 따서 만든 글자입니다.

138

从
cóng
從 · 좇을 종

① 따르다 ② ~로부터

从命 cóngmìng 명령에 따르다
从此 cóngcǐ 이제부터

갑골문에 보면 두 사람이 서 있는 모습이 나오는데, '한 사람이 다른 한 사람을 따르다'라고 해석할 수 있습니다.

139

此
cǐ
이 차

이, 이것

此外 cǐwài 이 밖에

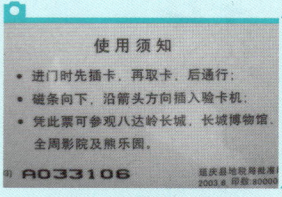

카드 뒷면의 사용방법 안내

140

文
wén
글월 문

① 문자 ② 언어

文件 wénjiàn 서류

원래 문신(紋身)을 가리키는 글자였습니다. 사람이 손을 펴고 서 있는 모습이기도 합니다.

141

看
kàn
볼 간

보다

一 二 三 手 手 看 看 看 看

看　看　看　看　看

看电影 kàn diànyǐng
영화를 보다

手(손 수)+目(눈 목). 사물을 볼 때 손을 눈썹 위로 하는 경우가 있지요. 그 모양을 본뜬 글자입니다.

142

好
hǎo
좋을 호

① 좋다 ② 매우, 무척

ㄑ 女 女 女 好 好

好　好　好　好　好

好处 hǎochu 장점, 좋은 점
好漂亮 hǎo piàoliang
매우 아름답다

이 글자는 女와 子에서 나왔습니다. 여자와 남자가 함께 있거나 어머니와 아들이 함께 있으니 '좋다'라는 의미가 된 것입니다.

143

展
zhǎn
펼 전

① 펼치다 ② 전시하다, 진열하다

一 ㄱ 尸 尸 尸 屈 屈 屉 展

展　展　展　展　展

展示会 zhǎnshìhuì 전시회

과학기술성과전

144

建
jiàn
세울 건

세우다

ㄱ ㄱ ㄱ ㅋ ㅋ 콰 津 建

建　建　建　建　建

建国 jiàn guó 나라를 세우다

공항이용권

145

手
shǒu
손 수

손
一 二 三 手

146

闻
wén
聞 · 들을 문

① 듣다 ② 소식
丶 亻 门 门 闩 闻 闻 闻 闻

147

已
yǐ
그칠 이

이미
𠃌 コ 已

148

两
liǎng
兩 · 두 량

2, 둘
一 丆 丙 丙 丙 两 两

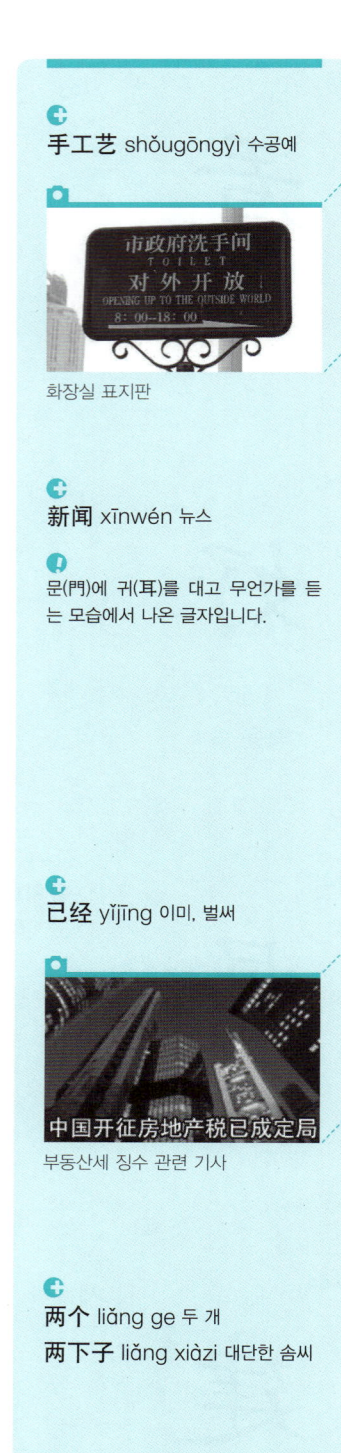

手工艺 shǒugōngyì 수공예

화장실 표지판

新闻 xīnwén 뉴스

문(門)에 귀(耳)를 대고 무언가를 듣는 모습에서 나온 글자입니다.

已经 yǐjīng 이미, 벌써

부동산세 징수 관련 기사

两个 liǎng ge 두 개
两下子 liǎng xiàzi 대단한 솜씨

149

位
wèi
자리 **위**

① 자리 ② 분(사람을 세는 양사)

ノ 亻 亻 个 亇 位 位

座位 zuòwèi 좌석, 자리
三位 sān wèi 세 분

人(사람 인)+立(설 립). 사람이 서 있는 모습에서 나온 글자입니다.

150

情
qíng
뜻 **정**

① 감정 ② 상황

丶 丶 忄 忄 忄 忄 情 情 情 情

爱情 àiqíng 애정
情形 qíngxing 일의 상황

心(마음 심)+青(푸를 청)

151

品
pǐn
물건 **품**

① 물품 ② 좋고 나쁨을 판별하다

一 口 口 口 口 品 品 品

品质 pǐnzhì 인품, 품질
品味 pǐnwèi 맛을 보다

口(입 구)가 3개, 즉 입이 3개라는 말로 '맛을 본 사람이 많다'라는 뜻입니다.

152

没
méi
없을 **몰**

없다(소유나 존재의 부정을 나타냄)

丶 丶 氵 氵 沪 沙 没

没意思 méi yìsi
의미가 없다, 재미가 없다

153 道 dào 길 도
① 길 ② 도덕

154 京 jīng 서울 경
수도, 서울

155 如 rú 같을 여
① ~에 따르다 ② ~와 같다

156 度 dù 법도 도
(온도, 도량형의) 도

地下通道 dìxià tōngdào
지하도

지하도 이용 표지판

北京 Běijīng 베이징

'거대한 흙산' 또는 '무언가가 상당히 크다'라는 의미입니다. 수도는 한 나라에서 가장 큰 도시지요?

如此 rúcǐ 이와 같다

女(계집 녀)+口(입 구). 고대에 여성들이 아버지나 남편의 말을 따른 것에서 만들어진 글자입니다.

温度 wēndù 온도

원래 '시간이나 공간을 지나다'라는 의미였습니다. 그러나 현대중국어에서는 시간의 진행에만 쓰입니다

157 化 huà 화할 화

변화하다, 변하다

丿 亻 化 化

现代化 xiàndàihuà 현대화

사람의 머리가 위로 향한 모습과 아래로 향한 모습으로 '변화'를 의미합니다.

158 里 ①lǐ ②li 裏·안 리

안, 속

丨 冂 冃 日 甲 里 里

里边 lǐbian 안(쪽)
夜里 yèli 밤(중)

동네 축제 행사

159 股 gǔ 넓적다리 고

① (기업·기관·단체의) 조직 단위, 부문 ② 주식

丿 几 凡 肌 肌 股 股

股票 gǔpiào 증권

月이 들어가면 사람 신체와 관련있는 경우가 많은데, 股에는 번체자와 같이 '허벅지'라는 뜻도 있습니다.

160 版 bǎn 널 판

판, 인쇄판

丿 丬 爿 片 片 版 版 版

出版社 chūbǎnshè 출판사

원래 '널빤지'를 뜻하던 글자였으나 책과 관련된 말로 쓰인 후부터 널빤지는 板(널조각 판)을 사용하게 되었습니다.

161

北 běi
北 · 북녘 **북**

북쪽
丨 丨 丬 扌 北

北方 běifāng 북방

2008년 베이징 올림픽

162

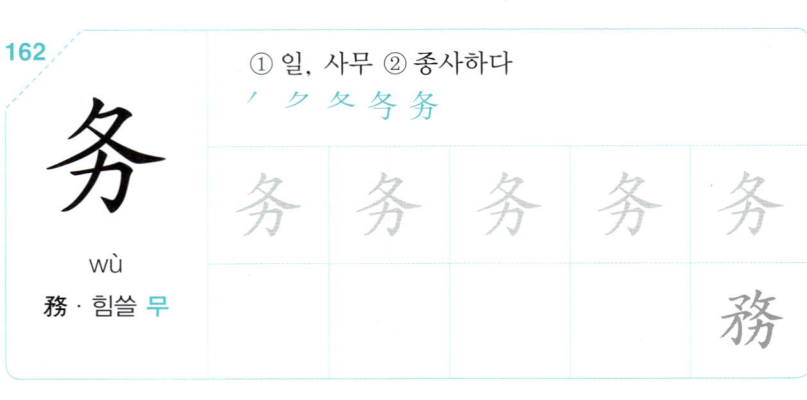

务 wù
務 · 힘쓸 **무**

① 일, 사무 ② 종사하다
丿 ク 夂 冬 务

任务 rènwu 임무

부수는 力(힘 력)으로 '어떤 일을 하든 힘써 일한다"는 의미로도 사용됩니다.

163

间 jiān
間 · 사이 **간**

사이, 가운데
丶 丨 门 门 间 间 间

中间 zhōngjiān 중간

문(門)틈 사이로 태양(日)을 볼 수 있다고 해서 '사이, 간격'이라는 의미가 되었답니다.

164

因 yīn
인할 **인**

① 근거하다 ② 연유, 까닭
丨 冂 冂 冈 因 因

因果 yīnguǒ 원인과 결과

뮤지컬 포스터

165

三
sān
석 삼

3. 셋
一 二 三

三 三 三 三 三

三角形 sānjiǎoxíng 삼각형

삼국지

166

保
bǎo
보전할 보

보호하다, 지키다
ノ 亻 亻 仁 仔 仔 保 保 保

保 保 保 保 保

保护 bǎohù 보호하다

어른이 아이를 업고 있는 모습을 본뜬 것입니다. 呆(어리석을 태)는 子(아들 자)가 변형된 글자입니다.

167

然
rán
그러할 연

① 맞다, 그렇다 ② 이와 같은
ノ ク タ タ ぅ 妖 妖 妖 然 然 然

然 然 然 然 然

当然 dāngrán 당연하다
果然 guǒrán 과연

168

期
qī
때 기

시기, 기일
一 十 廿 廿 甘 其 其 期 期 期 期

期 期 期 期 期

满期 mǎnqī 만기가 되다

뜻은 月(달 월), 발음은 其(그 기)를 따릅니다. 달이 가고 해가 가는 시간의 흐름을 의미합니다.

169 起 qǐ 일어설 기

일어나다

➕ 起床 qǐ chuáng 기상하다

❓ 走(달릴 주)가 이 글자의 의미를 나타냅니다.

170 网 wǎng 網・그물 망

① 그물 ② 인터넷

➕ 上网 shàngwǎng 인터넷에 접속하다

❓ 중국은 외래어를 자기식으로 바꿉니다. 인터넷도 互联网[hùliánwǎng (서로 연결되어 있는 그물)] 또는 음역시킨 因特网[yīntèwǎng]이라고 표현합니다.

171 被 bèi 이불 피

① ~에게 ~당하다 ② 이불

➕ 被杀 bèi shā 살해되다
被子 bèizi (덮는) 이불

172 入 rù 들 입

① 들다 ② 가입하다

➕ 入学 rù xué 입학하다

❓ 뾰족한 윗부분 덕분에 어디든 쉽게 들어간다는 데에서 나온 글자랍니다.

173

提
tí
끌 제

① (손에) 들다 ② (아래에서 위로) 끌어올리다

一 十 扌 扫 押 担 押 捍 捍 揑 提 提

提高 tígāo 향상시키다

手(손 수)+是(옳을 시). '손으로 집어 들다'라는 뜻입니다.

174

很
hěn
매우 흔

매우, 무척

' ⼃ 彳 彳 彳 彳 彳 彳 很 很

很好 hěn hǎo 매우 좋다
很少 hěn shǎo 매우 적다

175

着
①zhe ②zhuó ③zháo
어조사, 입을, 붙을 착

① (동사 뒤에서 동작의 진행을 나타냄) ② 접촉하다 ③ 느끼다

丶 丷 丷 丷 羊 羊 着 着 着 着

门开着 mén kāizhe 문이 열려 있다
着陆 zhuó lù 착륙하다
着急 zháojí 조급해하다

176

问
wèn
問 · 물을 문

묻다

丶 亅 门 闩 问 问

问题 wèntí 문제

안내소

177

意
yì
뜻 의

생각, 의사

意见 yìjiàn 의견

音(소리 음)+心(마음 심). '마음의 소리'입니다.

178

海
hǎi
바다 해

바다

海边 hǎibiān 해변

상하이 쓰하이여행사

179

东
dōng
東 · 동녘 동

동쪽

东南亚 Dōngnán Yà 동남아시아

갑골문에는 양쪽에 줄이 있고 물건이 가득 담겨 있는 자루 모양입니다.

180

题
tí
題 · 표제 제

① 제목 ② 문제

题目 tímù 제목, 표제

頁(머리 혈)이 의미를 나타냅니다. 어떤 글이든 제목이 머리에 오지요?

181

证

zhèng

證 · 증명할 증

증명(하다)

丶 亠 订 订 讧 证 证

- 身份证 shēnfēnzhèng 신분증

- 원래 '고발'이라는 뜻이었습니다. 고발하려면 증서가 필요한데 그것이 '신분증'으로 된 것입니다.

182

安

ān

편안할 안

편안하다

丶 丷 宀 宀 安 安

- 安慰 ānwèi
  마음이 편하다, 위로하다

- 맹수의 위협을 받던 시기 '갓머리(집)에 있으니 안전하고 편안하다'라는 의미에서 '생활이 편안하다'라는 뜻이 되었습니다.

183

并

bìng

倂 · 아우를, 나란히 할 병

① 합치다 ② 그리고

丶 丷 䒑 并 并 并

并 并 并 并 并

倂

- 合并 hébìng 합병하다
- 并且 bìngqiě 또한

- 두 사람이 다리를 묶고 나란히 있는 모습에서 나온 글자입니다.

184

社

shè

단체 사

조직체, 단체

丶 礻 礻 礻 补 社 社

- 社会 shèhuì 사회

- 示(보일 시)+土(흙 토). 고대에는 땅의 신에게 제사를 지냈는데, 제삿날이 되면 모든 사람들이 모이는 것에서 나온 글자입니다.

185

些 xiē 적을 사

약간, 조금

一些 yìxiē 조금
有些 yǒuxiē 일부, 어떤

186

正 zhèng 바를 정

① 바르다 ② 바로잡다

正常 zhèngcháng 정상(적)이다
改正 gǎizhèng 개정하다

187

圳 zhèn 밭도랑 수

(지명에 사용)

深圳 Shēnzhèn 선전(광동성에 있는 경제특구. 우리말로는 원래 '심수'라 읽어야 맞지만, 최근에는 '심천'이라 발음함.)

188

平 píng 고를 평

① 평평하다 ② 평온하다

水平 shuǐpíng 수평, 수준
平安 píng'ān 평안하다

189 相

①xiāng ②xiàng
서로, 볼 **상**

① 서로 ② 외모, 모습

一 十 才 木 机 机 相 相 相

相信 xiāngxìn 믿다
相貌 xiàngmào 용모

木(나무 목)+目(눈 목). '눈으로 나무를 보다'에서 '자세히 관찰하다'라는 의미가 되었습니다.

190 性

xìng
성품 **성**

① 성격 ② 성 ③ 성별

丶 丷 忄 忄 忄 忄 性 性

个性 gèxìng 개성
性别 xìngbié 성별

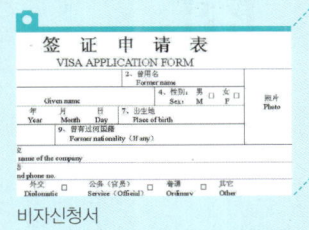

비자신청서

191 信

xìn
믿을 **신**

① 믿다 ② 편지

丿 亻 亻 亻 亻 亻 信 信 信

信念 xìnniàn 신념
信封 xìnfēng 편지봉투

人(사람 인)+言(말씀 언). 말에는 믿음이 있어야 합니다.

192 种

①zhǒng ②zhòng
種·씨, 심을 **종**

① 종, 종자 ② 심다

一 二 千 禾 禾 和 和 种

种类 zhǒnglèi 종류
种地 zhòng dì 농사짓다

禾(벼 화)의 뜻과 重(무거울 중)의 발음이 만난 글자입니다.

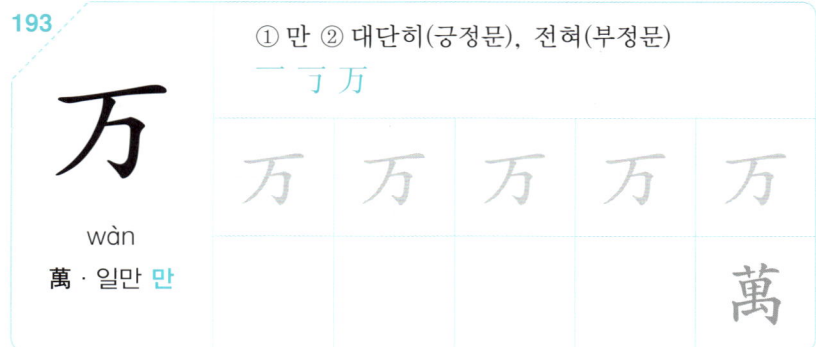

193 万 wàn
萬 · 일만 만
① 만 ② 대단히(긍정문), 전혀(부정문)

万分 wànfēn 대단히, 절대로

원래 전갈 모습을 그린 글자였는데, '만'을 뜻하는 숫자로 쓰이면서 결국 전갈이란 글자는 萬 밑에 虫(벌레 충)을 추가해 새로 만들었답니다.

194 商 shāng
헤아릴 상
① 상의하다 ② 상업

商量 shāngliang 상의하다
商品 shāngpǐn 상품

195 据 jù
據 · 의거할 거
① 의지하다 ② ~에 의거하여

根据 gēnjù 근거
据说 jùshuō 말하는 바에 의하면, 듣건대

196 总 zǒng
總 · 합칠 총
① 합치다 ② 늘, 언제나

总额 zǒng'é 총액
总是 zǒngshì 반드시, 언제나

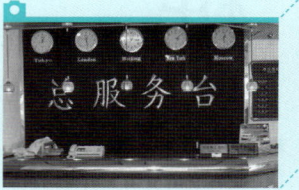

서비스 데스크

197 斯 sī 이 사

① 이(것) ② (음역에 사용)

一十卄卄甘甘其其其斯斯斯

斯人 sī rén 이 사람

인터넷 사이트명

198 门 mén 門·문 문

① 문 ② 방법

丶冂门

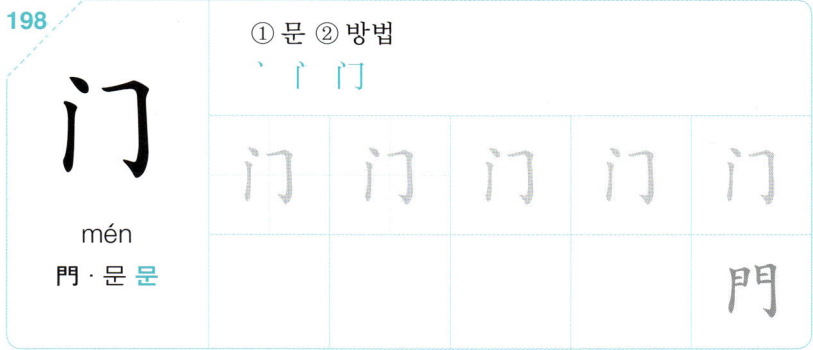

门口 ménkǒu 입구, 현관

문의 모양을 본뜬 글자입니다.

199 管 guǎn 붓대 관

① 담당하다 ② 간섭하다

丿𠂉𥫗𥫗𥫗𥫗𥫗管管管管

管理 guǎnlǐ 관리하다

竹(대 죽)의 뜻과 官(벼슬 관)의 발음으로 이루어진 글자입니다.

200 交 jiāo 사귈 교

① 사귀다 ② 넘기다

丶亠宀六亣交

交朋友 jiāo péngyou 친구를 사귀다

交给 jiāogěi 건네주다

두 다리를 교차하는 듯한 모양에서 나온 글자입니다.

201 去 qù 갈 거

① 떠나다 ② 가다
一十土去去

去世 qùshì 세상을 떠나다

현대중국어에서는 '떠나다'라는 뜻으로 쓰고 있지만 고대중국어에서는 '도착하다'라는 의미로 사용되었습니다.

202 应 yīng 應·응당 응

① 응답하다 ② 마땅히 ~해야 한다
丶亠广广应应应

答应 dāying 대답하다, 동의하다
应该 yīnggāi 마땅히 ~해야 한다

203 权 quán 權·권세 권

권력, 권한
一十才木权权

权利 quánlì 권리

'한 그루의 나무' → '저울추' → '비교하고 무게를 재다' → '권력'으로 뜻이 변해왔습니다.

204 联 lián 聯·연할 련

연결하다
一厂FFF耳耳耳耳联联

联系 liánxì 연락(하다)

친목회 행사 안내

205

华 huá
華·빛 **화**

광채
丿 亻 𠂉 化 华 华

- **华丽** huálì 화려하다
- 원래는 '꽃'을 의미했으나 남북조 시기에 花(꽃 화)가 만들어지면서 이 글자는 '화려하다' 등의 뜻으로 사용되었습니다.

206

育 yù
기를 **육**

① 낳아 기르다 ② 교육하다
丶 亠 ㄊ 云 产 育 育 育

- **体育** tǐyù 체육
- 여성이 아이를 낳는 모습에서 나온 글자입니다. 아랫부분의 月은 肉(고기 육)입니다.

207

教
①jiāo ②jiào
가르칠 **교**

① 가르치다 ② 가르침
一 十 土 耂 耂 孝 孝 孝 教 教

- **教汉语** jiāo hànyǔ 중국어를 가르치다
- **教育** jiàoyù 교육

스승의 날 행사

208

更
①gēng ②gèng
고칠 **경**, 다시 **갱**

① 바꾸다 ② 더욱
一 丆 戸 戸 豆 更 更

- **更改** gēnggǎi 변경(하다)
- **更加** gèngjiā 더욱 더, 한층

209

水 shuǐ 물 수 — 물
ㅣ 기 水 水

水库 shuǐkù 저수지

210

及 jí 미칠 급 — 달하다
ノ 乃 及

及格 jí gé 합격하다
普及 pǔjí 보급하다

만화 불합격 영웅

211

西 xī 서녘 서 — 서쪽
一 丆 丙 两 西 西

西服 xīfú 양복

东西는 [dōngxī]라고 읽으면 방향을 나타내는 '동서'가 되고, [dōngxi]라고 읽으면 '물건'을 뜻합니다.

212

强 qiáng 강할 강 — 강하다
フ 弓 弓 弓' 弓'' 弘 强 强 强 强 强

强大 qiángdà 강대하다

쌀 속에 들어 있는 작은 검정색 쌀벌레에서 나온 글자입니다. 쌀벌레의 힘이 강해서 그런가요?

213
城 chéng
성 성

① 성 ② 도시

一 十 土 圵 圩 城 城 城

城市 chéngshì 도시

영화 '반역자' 포스터

214
由 yóu
갈미암을 유

① 원인 ② ~으로부터

丨 冂 曱 由 由

由于 yóuyú
~에 의하다, ~때문에

중국 최초의 한자 자전격인 「说文」에도 이 글자는 없습니다. 이유(理由)를 생각하지 말고 그냥 외우세요.

215
代 dài
대신할 대

① 대신하다 ② 시대

丿 亻 仁 代 代

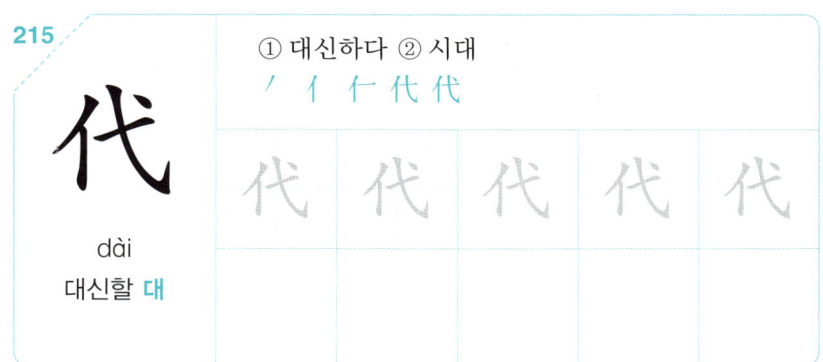

代办 dàibàn 대신 처리하다
现代 xiàndài 현대

216
无 wú
無·없을 무

없다

一 二 于 无

无法 wúfǎ 방법이 없다

현대중국어의 没有[méiyǒu]와 같습니다.

217

费 fèi
費·쓸 비

① 비용 ② 소비하다
一 ユ ヨ 弓 弗 弗 费 费 费

- 费用 fèiyòng 비용
- 貝(조개 패)의 뜻과 弗(아닐 불)의 발음이 만난 글자입니다.

218

活 huó
살 활

살다, 생존하다
丶 丶 氵 氵 汗 汗 活 活 活

- 生活 shēnghuó 생활
- 물이 '후어후어' 하고 흐르는 소리를 따서 만들어졌다고 합니다.

219

战 zhàn
戰·싸움 전

① 싸움 ② 싸우다
丨 卜 卜 占 占 占 战 战 战

- 战争 zhànzhēng 전쟁
- 战士 zhànshì 병사, 전사

220

样 yàng
樣·모양 양

꼴, 형상
一 十 才 木 术 栏 栏 栏 样

- 模样 múyàng 모양

동화책 표지

221 受 shòu 받을 수
① 받다 ② 당하다

受伤 shòu shāng 상처를 입다

베이징 오리구이 전문점 광고 문구

222 设 shè 設·베풀 설
차리다

设备 shèbèi 설비, 시설
设立 shèlì 세우다, 설치하다

223 专 zhuān 專·오로지 전
전문적이다

专业 zhuānyè 전공
专家 zhuānjiā 전문가

224 打 dǎ 칠 타
① 때리다 ② 하다

打电话 dǎ diànhuà
전화를 걸다

중국어에서 이 글자만큼 다양한 뜻으로 쓰이는 동사도 없을 것입니다.

225

调 ①diào ②tiáo
调 · 뽑힐, 고를 조

① 이동하다/조사하다 ② 고르다/조절하다
丶 讠 讥 订 词 词 调 调 调 调

调查 diàochá 조사하다
调节 tiáojié 조절하다

물건을 고르거나 이동시키려면 말을 해야 하죠? 调에 言(말씀 언)이 보이네요.

226

解 jiě
풀 해

① 풀다 ② 해석하다 ③ 알다
丿 𠂊 𠂊 角 角 角 角 解 解 解 解 解

解决 jiějué 해결하다

角(뿔 각), 刀(칼 도), 牛(소 우)로 구성되었습니다. 칼로 소를 잡아 '분해하다'라는 의미입니다. 角는 발음요소로 쓰였습니다.

227

向 xiàng
향할 향

~을 향하여
丿 丨 冂 向 向 向

向左转 xiàng zuǒ zhuǎn
　　　　좌향좌

口는 창문을 뜻합니다. '집안의 창이 북쪽으로 나있다'에서 '~을 향하다'라는 의미가 되었습니다.

228

只 ①zhī ②zhǐ
隻 · 하나 척
다만 지

① 쪽, 짝, 마리(동물을 세는 양사) ② 단지
丨 冂 口 只 只

一只猫 yì zhī māo
　　　　고양이 한 마리
只能 zhǐnéng
　　　다만 ~할 수 있을 뿐이다

64

229
投 tóu 던질 투
던지다
一 十 扌 扌 扒 扔 投

230
基 jī 터 기
① 기초, 터 ② 기초하다
一 十 廿 世 井 其 其 其 基 基

231
原 yuán 근원 원
① 최초의 ② 본래의
一 厂 厂 厂 厉 原 原 原 原

232
任 rèn 맡길 임
① 담당하다 ② 직무
丿 亻 亻 仁 任 任

投手 tóushǒu 투수

투자 서명식

基本 jīběn 기본, 근본

중국의 KFC

原来 yuánlái 원래

땅 속에서 물이 솟아나오는 모양에서 만들어진 글자입니다.

任职 rènzhí 직무를 맡다, 재직하다

성(姓)으로 쓰일 경우에는 제2성으로 발음됩니다.

233

规 guī
规·법 규

규칙, 관례

一 = ‡ ≠ ≠ 封 却 规 规

规定 guīdìng 규정

고대에 잘못된 원형을 바로잡던 컴퍼스 같은 도구를 나타낸 글자입니다.

234

南 nán
남녘 남

남쪽

一 † † 广 广 内 內 南 南

南极 nánjí 남극

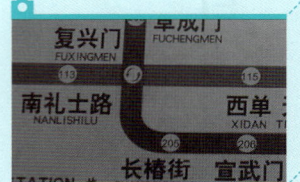
베이징 지하철 노선도 일부

235

院 yuàn
집 원

① 뜰 ② (어떤 기관이나 공공장소)

了 阝 阝 阝 阡 阼 阼 院

院子 yuànzi 뜰, 정원
法院 fǎyuàn 법원

236

系 ①xì ②jì
繫·맬 계

① 계통, 계열 ② 매다

一 Г F Ŧ 圣 系 系

中文系 Zhōngwénxì 중문과
系安全带 jì ānquándài
안전벨트를 매다

237
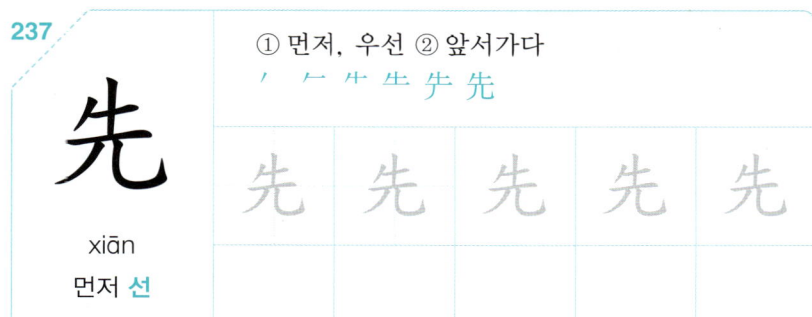

先 xiān 먼저 선
① 먼저, 우선 ② 앞서가다

先进 xiānjìn 진보적이다

발에 해당하는 止(그칠 지)와 人(사람 인)으로 이루어진 글자입니다. 사람이 발을 움직여 '전진하다'라는 말로 '앞쪽'을 뜻합니다.

238
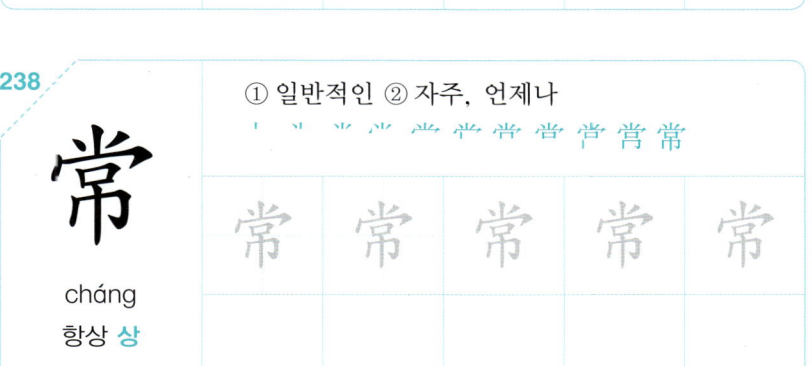

常 cháng 항상 상
① 일반적인 ② 자주, 언제나

常识 chángshí 상식
常常 chángcháng 항상, 종종

아랫부분의 巾(수건 건)을 치마를 두른 모양으로 보면 쉽게 이해할 수 있습니다. 치마는 바지보다 먼저 나온 옷으로 '항상' 입고 다녔지요?

239

量 ①liáng ②liàng 잴, 분량 량
① (길이, 크기, 무게 등을) 재다 ② 양, 분량

量体温 liáng tǐwēn 체온을 재다
重量 zhòngliàng 중량

240

格 gé 바로잡을 격
표준, 규격

资格 zīgé 자격

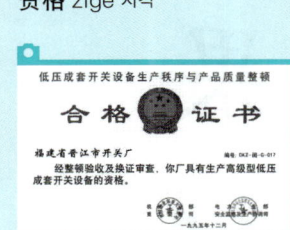
합격증

241

认
rèn
認 · 알 인

알다, 인식하다
丶 讠 认 认

认 认 认 认 认
　 　 　 　 認

认识 rènshi 알다, 이해하다

한자 학습 교재

242

示
shì
보일 시

가리키다, 알리다
一 二 丁 示 示

示 示 示 示 示

表示 biǎoshì 나타내다, 표현하다

탁자 위에 물건들을 올려놓고 제사를 지내는 모습에서 나온 글자입니다. 제사란 결국 하늘에 보이기 위한 것이지요?

243

数
①shǔ ②shù
數 · 셈 수

① 세다, 헤아리다 ② 수
丶 丷 艹 半 米 米 米 娄 娄 娄 数 数

数 数 数 数 数
　 　 　 　 數

数一数二 shǔ yī shǔ èr 일 이등을 다투다, 뛰어나다
数码 shùmǎ 디지털

동사일 땐 제3성, 명사일 땐 제4성으로 발음합니다.

244

果
guǒ
실과 과

과실, 열매
丨 冂 日 旦 早 果 果 果

果 果 果 果 果

水果 shuǐguǒ 과일

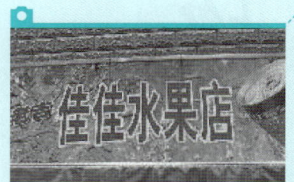

과일가게

249

集

jí

모일 집

모이다

丿 亻 亻 仁 仁 乍 隹 隹 隹 集 集

集　集　集　集　集

集合 jíhé 집합하다

'새 여러 마리가 나무 위에 있다'라는 의미에서 나온 글자입니다.

250

尔

ěr

爾·너 이

너, 그대(2인칭)

丿 勹 宀 尓 尔

尔　尔　尔　尔　尔

爾

문어체나 음역에 주로 사용되는 글자입니다.

하이얼 휴대전화 광고

251

女

nǚ

계집 녀

여자

く 女 女

女　女　女　女　女

女朋友 nǚpéngyou 여자친구

'계집'이란 말이 듣기 좋지 않다고 '여자 녀'라 고쳐야 한다는 의견이 있습니다.

252

计

jì

計·셀 계

셈하다

丶 讠 计 计

计　计　计　计　计

計

计算 jìsuàn 계산하다

言(말씀 언)+十(열 십). '십까지의 숫자를 말하다'가 '세다'라는 의미가 되었습니다.

253

州
zhōu
고을 주

주(옛 행정구역의 이름)

杭州 Hángzhōu 항저우

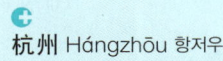

광저우에 있는 소프트웨어 산업기지

254

首
shǒu
머리 수

머리

首都 shǒudū 수도

대한민국 수도 서울은 중국어로 首尔[Shǒu'ěr]이라고 한답니다.

255

么
me
麽·그런가 마

(접미사의 하나)

什么 shénme 무엇
多么 duōme 얼마나

256

台
tái
臺·대 대

① 단, 대 ② (기계·차량 등을 세는 양사)

柜台 guìtái 프론트
台湾 Táiwān 대만

안내데스크

257

企
qǐ
도모할 기

① 발돋움하다 ② 꾀하다
丿 人 亼 亽 企 企

企业 qǐyè 기업
企图 qǐtú 의도(하다)

258

持
chí
가질 지

① 지속하다 ② 주관하다
一 十 扌 扩 扩 扩 挂 挂 持

支持 zhīchí 지지하다
主持 zhǔchí 주관하다

手(손 수)의 '쥐다'라는 뜻과 寺(절 사)의 발음으로 이루어진 글자입니다.

259

收
shōu
거둘 수

① 거두어들이다 ② 얻다
丨 丩 䇂 收 收 收

收入 shōurù 수입

세금징수 관련 제도 개혁 회의

260

物
wù
물건 물

물건, 물체
丿 一 牛 牛 牜 牞 物 物

物理 wùlǐ 물리

왼쪽의 牛(소 우) 보이시죠? '여러 가지 색이 있는 소'에서 여러 가지 '물건'을 뜻하는 글자가 되었습니다.

261

给 gěi
給·줄 급

주다
丿 𠂊 纟 纟 纩 纱 给 给 给

给我 gěi wǒ 저에게 주세요

마음을 너에게 주다

262

各 gè
각각 각

각자, 각기
丿 ク 夂 冬 各 各

各付各的 gè fù gè de
더치페이

263

乐 ①lè ②yuè
樂·즐거울 락, 풍류 악

① 즐겁다, 기쁘다 ② 음악
一 ⺁ 乐 乐 乐

乐意 lèyì 즐겁게 여기다
音乐 yīnyuè 음악

264

老 lǎo
늙을 로

① 늙다 ② 언제나
一 十 土 耂 耂 老

老师 lǎoshī 선생님

老에는 다양한 의미가 있습니다. 老朋友[lǎopéngyou]는 늙은 친구가 아니라 '오래된, 늘 한결같은 친구'라는 뜻입니다.

265 接 jiē 사귈 접
① 접근하다 ② 영접하다

接近 jiējìn 접근하다
接待 jiēdài 접대하다

266 军 jūn 軍·군사 군
군대

军队 jūnduì 군대
军人 jūnrén 군인

267 科 kē 조목 과
과(연구 분야를 분류한 작은 구분)

科学 kēxué 과학

유아용 백과사전

268 局 jú 구획 국
① 형세 ② 국면 ③ 부분

局面 júmiàn 국면

口(입 구)+尺(자 척). 말을 할 때 올바른 잣대로 실수를 막으라는 뜻에서 만들어진 글자입니다.

269 式 shì 법 식
① 양식 ② 격식
一 二 三 丁 式 式

老式 lǎoshì 옛날 방식
格式 géshì 격식

한국식 셔츠 광고 잡지

270 那 nà 저 나
그, 저(것)
丁 刀 月 月 那 那

那样 nàyàng 그렇게, 저렇게

271 处 ①chǔ ②chù 處·곳 처
① 처하다/처리하다 ② 곳, 장소
丿 夕 夂 处 处

處

处理 chǔlǐ 처리하다
处处 chùchù 도처에, 어디든지

272 立 lì 설 립
① 서다 ② 세우다
丶 亠 宁 立 立

立场 lìchǎng 입장

사람이 땅위에 서 있는 모습에서 나온 글자입니다.

273

运 yùn
運·돌 운

① 운동하다 ② 운반하다 ③ 운
一 二 テ 云 沄 运 运

运动 yùndòng 운동(하다)
运气 yùnqi 운명, 운세

274

际 jì
際·가 제

가장자리, 경계
了 阝 阝 阡 阡 际 际

国际 guójì 국제

전화방

275

该 gāi
該·갖출 해

① ~해야 한다 ② ~할 만하다
丶 讠 讠 讠 该 该 该

活该 huógāi 쌤통이다

여행사 광고

276

至 zhì
이를 지

① 이르다 ② ~한 결과에 달하다
一 工 至 至 至 至

至今 zhìjīn 오늘에 이르다

277

想
xiǎng
생각할 상

① 바라다 ② 생각하다

想吃 xiǎng chī 먹고 싶다
想法 xiǎngfǎ 생각, 의견

'서로(相)의 마음(心)을 생각하다'라고 보면 이해가 쉽습니다.

278

界
jiè
지경 계

① 경계 ② 범위

世界杯 shìjièbēi 월드컵

田(밭 전)+介(낄 개). 자신의 밭과 다른 사람의 밭의 경계를 분명히 하기 위해서 개입한 것이 아닐까요?

279

团
tuán
團 · 둥글 단

① 둥글다 ② 모이다

团结 tuánjié 단결하다

둥글게 모여 에워싼 모양을 나타냅니다. '단결'을 의미하지요.

280

己
jǐ
몸 기

자기, 자신

自己 zìjǐ 자신, 스스로

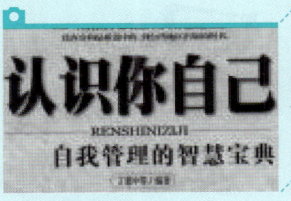

너 자신을 알라

281
二
èr
두 이

2. 둘
一 二

二层楼 èr céng lóu 2층집

니우란산 이과두주

282
改
gǎi
고칠 개

① 변하다 ② 바로잡다
フ コ ヨ 宁 改 改 改

改变 gǎibiàn 바꾸다, 고치다
改善 gǎishàn 개선(하다)

283
周
zhōu
週·두루 주

① 주위 ② 주일
丿 冂 冂 冃 用 周 周 周

周围 zhōuwéi 주위, 사방
周末 zhōumò 주말

바둑판같은 농지 모양에서 나온 글자입니다.

週

284
回
huí
돌 회

① 돌아오(가)다 ② 대답하다
丨 冂 冂 回 回 回

回国 huíguó 귀국하다
回答 huídá 대답하다

물이 소용돌이치는 모양에서 나온 글자로, '자기 자리로 돌아가다'라는 뜻이 되었습니다.

285

组
zǔ
組·짤 조

① 구성하다 ② 조

组织 zǔzhī 조직(하다)

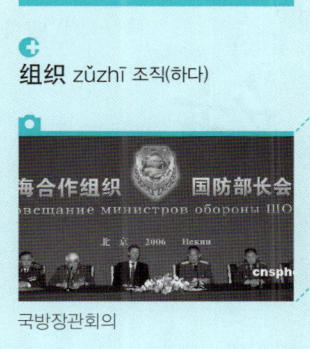
국방장관회의

286

论
lùn
論·논할 론

논하다

讨论 tǎolùn 토론(하다)
论文 lúnwén 논문

287

告
gào
고할 고

말하다, 알리다

告诉 gàosu 알리다
广告 guǎnggào 광고, 선전

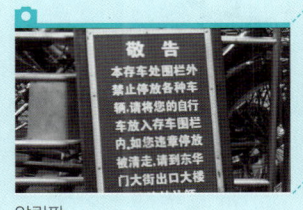
알림판

288

决
jué
결단할 결

정하다

决定 juédìng 결정(하다)
决心 juéxīn 결심(하다)

79

289 结

① 맺다 ② 끝맺다

` 乡 乡 纟 纟 红 红 结 结 结 `

jié
結・맺을 결

结婚 jié hūn 결혼하다
结果 jiéguǒ 결과

290 选

① 선택하다 ② 선거하다

` ノ 一 丷 丿 先 先 选 选 `

xuǎn
選・가릴 선

选择 xuǎnzé 선택하다
选举 xuǎnjǔ 선거(하다)

291 身

몸, 신체

` ′ 亻 彳 𣎴 身 身 身 `

shēn
몸 신

身体 shēntǐ 몸, 건강

갑골문의 복부가 튀어나온 그림에서 나온 글자입니다. 때문에 이 글자가 '임신한 여성'을 뜻하는 것이라는 의견도 있습니다.

292 德

덕, 도덕

` ′ 彳 彳 彳 彳 衤 裃 裃 裄 徳 徳 德 `

dé
덕 덕

美德 měidé 미덕
德国 Déguó 독일

293

① 적다 ② 젊다, 어리다
丨 丿 小 少

①shǎo ②shào
적을, 젊을 소

少数 shǎoshù 소수
少年 shàonián 소년

청소년 연구 센터

294

가깝다
一 厂 斤 斤 沂 近 近

jìn
가까울 근

近来 jìnlái 근래, 요즘

295

① 곧다 ② 바르다
一 十 广 古 吉 百 直 直

zhí
곧을 직

直接 zhíjiē 직접

여행 관련 책자

296

① 열다 ② 장(종이 등 평평한 것을 세는 양사)
フ 马 弓 弘 张 张 张

zhāng
張 · 활시위 얹을
장

张开 zhāngkāi 펼치다, 열다
一张纸 yì zhāng zhǐ
　　　 종이 한 장

지구상에 가장 많은 성씨 중 하나이
기도 합니다.

297

使 shǐ 부릴 **사**

쓰다
ノ 亻 亻 伫 伫 伊 使 使

使用 shǐyòng 사용(하다)

298

导 dǎo 導·이끌 **도**

인도하다, 이끌다
フ ㄱ ㅌ ㅌ 早 导

導

指导 zhǐdǎo 지도하다
导游 dǎoyóu 관광 가이드

299

程 chéng 한도 **정**

① 법칙 ② 순서
ᅳ ニ 千 禾 禾 禾' 秆 秆 程 程 程

工程 gōngchéng 공사, 공정
日程 rìchéng 일정

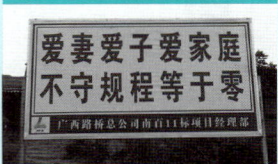

가족계획에 관한 표어

300

案 àn 안석 **안**

① (법률상의) 사건 ② 공문서나 기록
丶 丶 宀 宀 安 安 安 案 案 案

案件 ànjiàn 사항, 사건

TV 드라마 포스터

301 参 cān
參 · 섞일 참
가입하다, 참여하다

参加 cānjiā 참가하다

숫자 3의 갖은자이기도 합니다.

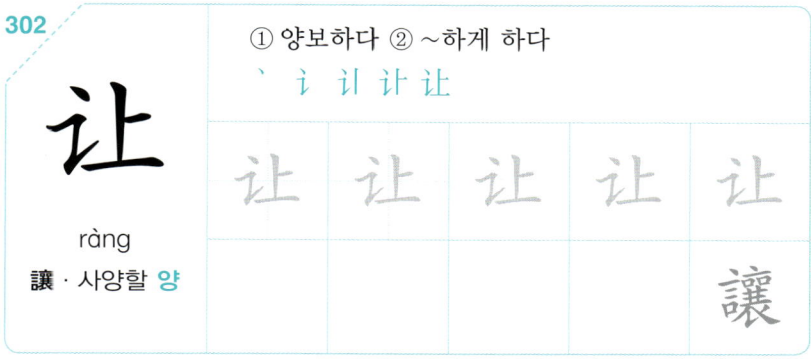

302 让 ràng
讓 · 사양할 양
① 양보하다 ② ~하게 하다

让座 ràng zuò 좌석을 양보하다

양보 표지판

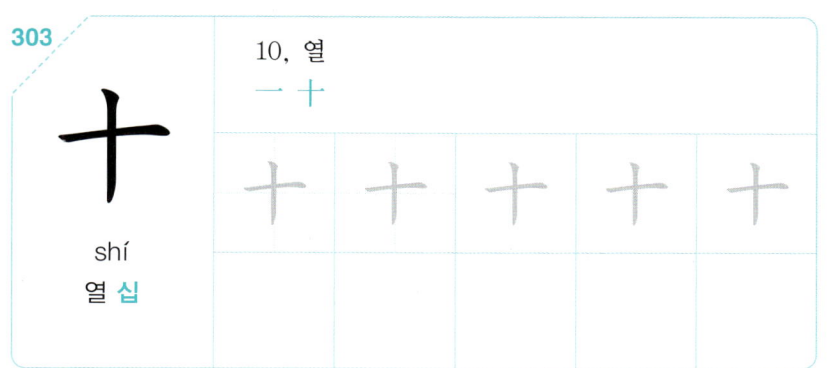

303 十 shí
열 십
10, 열

十全十美 shí quán shí měi
완전무결하여 나무랄 데가 없다

304 感 gǎn
느낄 감
느끼다

感觉 gǎnjué 감각, 느끼다
感动 gǎndòng 감동하다

305 流 liú 흐를 류

① 흐르다 ② 이동하다 ③ 퍼지다

丶丶亠亣浐浐浐流流

流行 liúxíng 유행(하다)

流와 六[liù]의 발음이 같죠? '모든 일이 물 흐르듯 순조롭게 되라'는 의미로 중국인들은 숫자 6을 매우 좋아한답니다.

306 评 píng 評·품평할 평

① 논평하다 ② 심사하다

丶讠讠讠评评评

評

评价 píngjià 평가(하다)

'공평하다'라는 뜻의 平에 言(말씀 언)을 더해 '평론' 등을 의미하는 글자가 되었습니다.

307 件 jiàn 건 건

① (일, 사건 등을 세는 양사) ② (접미사)

丿亻亻亻件件

一件事 yí jiàn shì 한 가지 일
零件 língjiàn 부품

人(사람 인)+牛(소 우). 사람이 소를 토막 낸 조각을 뜻하던 글자입니다.

308 足 zú 발 족

발

丨口口口甲甲足

足球 zúqiú 축구

발마사지 간판

309
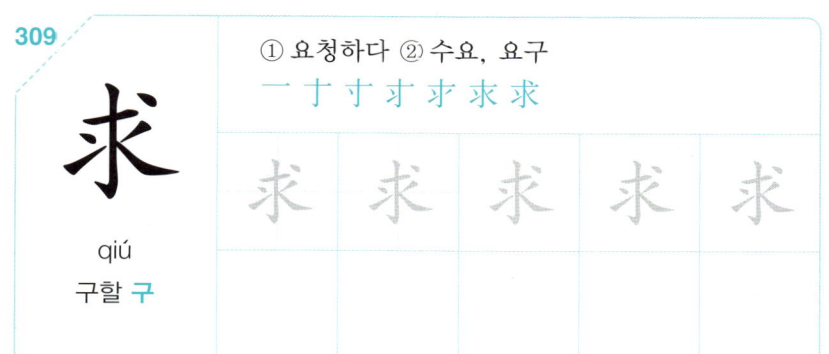

qiú
구할 **구**

① 요청하다 ② 수요, 요구

一 十 寸 才 求 求 求

要求 yāoqiú 요구(하다)

원래 '가죽옷'을 나타내던 글자였으나 '원하다, 요구하다'의 의미로 바뀌었습니다.

310

yǐng
그림자 **영**

① 그림자 ② 영화

丨 冂 曰 曱 昙 昺 昻 景 景 景 影 影

影子 yǐngzi 그림자
电影 diànyǐng 영화

영화관

311

jié
節 · 마디 **절**

① 기념일 ② 절약하다 ③ 항목

一 卄 艹 节 节

节日 jiérì 기념일, 명절
节省 jiéshěng 절약하다
节目 jiémù 프로그램

312

zuò
지을 **주**

① 만들다 ② 하다

丿 亻 仁 什 什 估 估 做 做 做

做法 zuòfǎ
(만드는) 법, (하는) 방법
做事 zuò shì 일을 하다

313

视 shì
視 · 볼 시

보다
丶 亠 オ ネ ネ 初 视 视

视力 shìlì 시력

示(보일 시)+见(볼 견).

314

增 zēng
더할 증

늘다, 많아지다
一 十 土 土 圵 圵 圵 圵 增 增 增 增

增加 zēngjiā 증가하다

중국술

315

别 bié
다를 별

① 이별하다 ② 구별하다 ③ ~하지 마라
丨 口 口 另 另 别 别

离别 líbié 이별하다
别的 biéde 다른 것
别来 bié lái 오지 마

316

口 kǒu
입 구

① 입 ② 출입구
丨 冂 口

开口 kāi kǒu 입을 열다, 말하다

口와 嘴[zuǐ]는 사람과 동물의 입에 모두 사용할 수 있습니다.

317
观 guān
觀 · 볼 관

보다, 구경하다
丆 又 刄 对 观 观

- 观点 guāndiǎn 관점
- 观光 guānguāng 관광하다

觀

318
你 nǐ
너 니

너, 당신
丿 亻 伫 伫 你 你

- 你好 nǐhǎo 안녕하세요

한국 드라마의 중국 내 포스터

319
消 xiāo
사라질 소

① 사라지다 ② 제거하다
丶 丶 氵 氵 氵 消 消 消

- 消费 xiāofèi 소비(하다)
- 消除 xiāochú 제거하다

320
标 biāo
標 · 나무 끝 표

① 표지 ② 표준
一 十 才 木 杧 杞 标 标

- 标记 biāojì 기호, 표지

원래 '나무 끝부분'을 가리키던 것에서 '바깥 부분' 혹은 '부차적인 것'을 뜻하게 되었습니다.

標

321

马 mǎ
馬 · 말 마

말
ㄱ 马 马

322

服 fú
옷 복

① 의복 ② 맡다
丿 冂 月 月 刖 朋 服 服

323

头 tóu
頭 · 머리 두

머리
丶 丷 三 头 头

324

布 bù
베 포

① 천 ② 선포하다
一 ナ 才 右 布

骑马 qí mǎ 말을 타다

芒康盐井: MANG KANG SALT WELL: THE UNIQUE SCENERY IN CHA MA OLD ROAD
茶马古道上的独特风景

차마고도 관련 기사

衣服 yīfu 옷, 의복
服务 fúwù 일하다, 서비스하다

头脑 tóunǎo 두뇌

頁(머리 혈)의 의미와 豆(콩 두)의 발음으로 이루어진 글자입니다.

布料 bùliào 천, 옷감
公布 gōngbù 공포하다, 공표하다

325

克 kè 이길 극

극복하다, 이기다

一十十十古古克

克服 kèfú 극복하다

긴장 극복하기

326

山 shān 메 산

산

丨 山 山

名山 míngshān 명산
冰山 bīngshān 빙산

산의 모양을 본뜬 글자입니다.

327

取 qǔ 취할 취

① 찾다 ② 얻다

一 T T T 耳 耳 取 取

取钱 qǔ qián 돈을 찾다

耳(귀 이)+又(또 우, 이 글자에서는 손 수). 과거 전쟁에서 이긴 쪽이 진 쪽 죽은 병사들 시신에서 귀를 잘라 내 그 숫자만큼 공을 세운 것으로 인정했다는 데서 나온 글자입니다.

328

议 yì 議·의논할 의

① 의견, 주장 ② 의논하다

丶 讠 讠 议 议

議

会议 huìyì 회의하다

言(말씀 언)의 뜻과 義(옳을 의)의 발음으로 이루어진 글자입니다.

329

房 fáng
방 방

① 집 ② 방
丶亠宀户户户房房

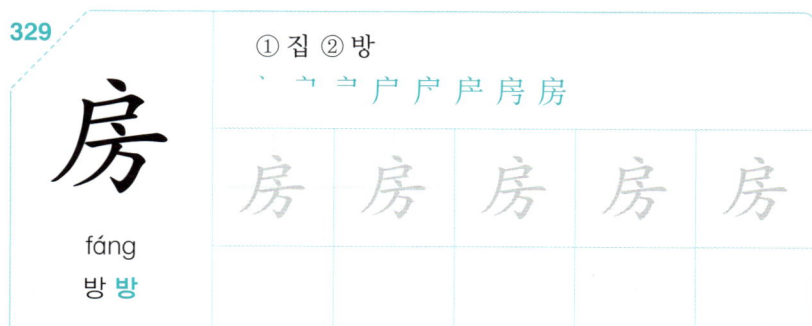

> 房间 fángjiān 방
>
> 户(지게 호)의 뜻과 方(모 방)의 발음으로 이루어진 글자입니다.

330

术 shù
術·꾀 술

① 기술 ② 방법
一十才木术

> 手术 shǒushù 수술
>
> 번체자 양쪽에 行(행할 행) 보이시죠? 어떤 것을 행하는 것은 결국 '기술'이나 '방법'으로 볼 수 있습니다.

331

线 xiàn
線·실 선

실, 선
丿乡乡纟纟线线线

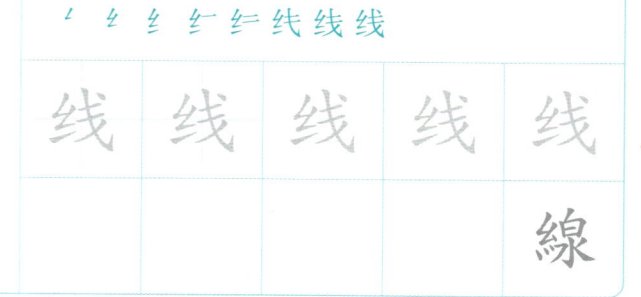

> 毛线 máoxiàn 털실
> 电线 diànxiàn 전선

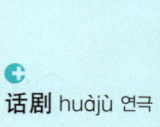

시후 남쪽 노선

332

话 huà
話·이야기 화

① 말 ② 말하다
丶讠讠讠话话话

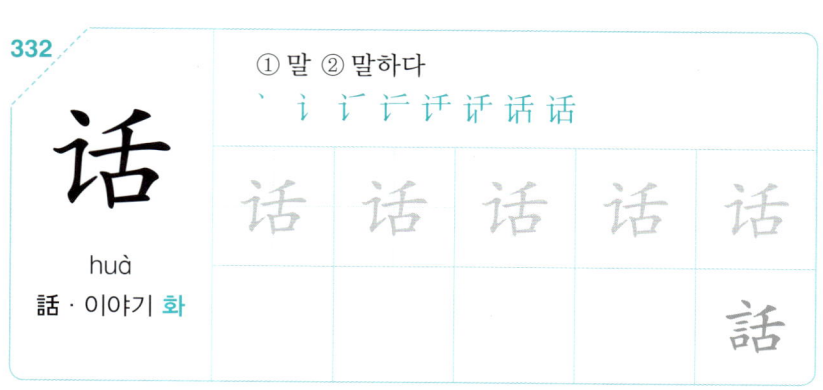

> 话剧 huàjù 연극
>
> 言(말씀 언)+舌(혀 설).

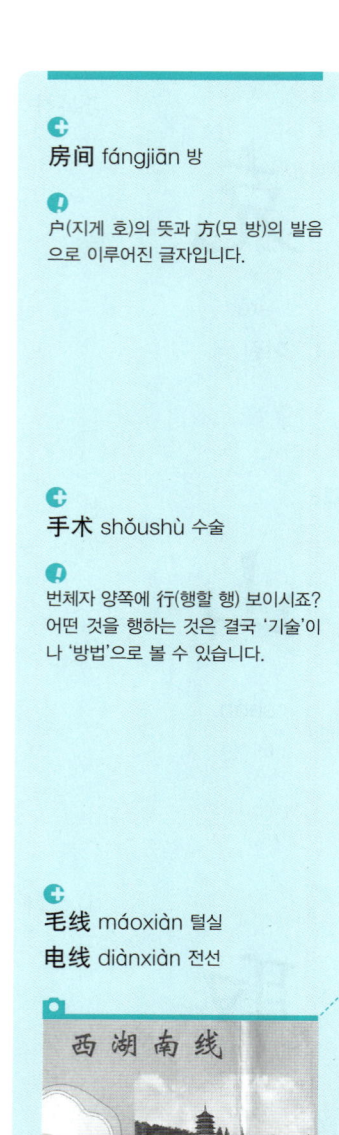

333

每

měi

매양 **매**

① 매, 각 ② 늘

丿 𠂉 𠂋 毋 毎 每 每

每 每 每 每 每

每次 měicì 매번

每天 měitiān 매일

334

非

fēi

아닐 **비**

① 과실 ② ~에 맞지 않다 ③ ~이 아니다

丨 𠃌 𠄌 非 非 非 非 非

非 非 非 非 非

非常 fēicháng 비상한, 대단히

非法 fēifǎ 불법적인

335

办

bàn

辦 · 힘쓸 **판**

처리하다

𠃌 力 办 办

办 办 办 办 办

辦

办公室 bàngōngshì 사무실

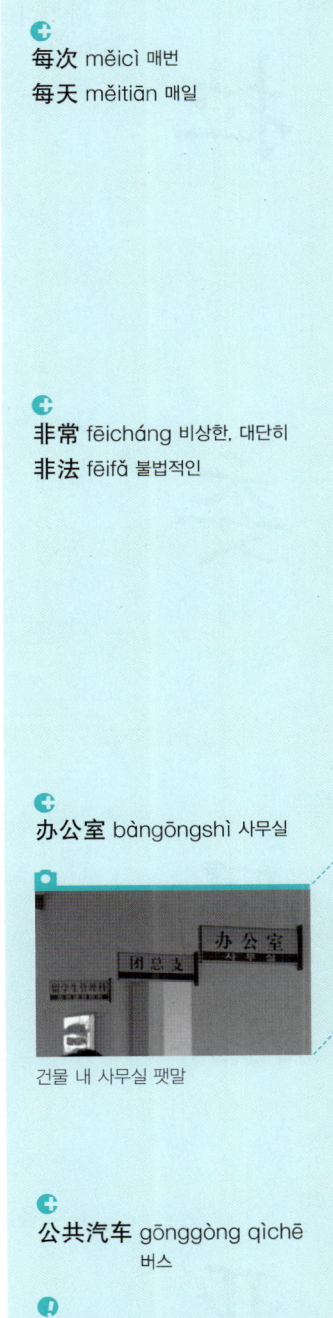

건물 내 사무실 팻말

336

共

gòng

함께 **공**

① 같이 ② 공유하다

一 十 廾 廾 共 共

共 共 共 共 共

公共汽车 gōnggòng qìchē 버스

한 사람이 두 손으로 옥을 받들고 있는 모습에서 나온 글자입니다.

337

拉
lā
끌 랍

당기다
一 十 扌 扩 扩 拉 拉

拉车 lā chē 수레를 끌다

중국에 가면 건물입구의 문을 유심히 보세요. '당기다'를 뜻하는 이 '拉'와 '밀다'를 뜻하는 '推[tuī]'가 쉽게 눈에 띌 거예요.

338

委
wěi
맡길 위

① 위임하다 ② 위원
一 二 千 禾 禾 秃 委 委

委托 wěituō 위탁(하다), 의뢰(하다)

禾(벼 화)는 벼가 익었을 때 부드러운 곡선을 그리는 것을, 女(계집 녀)는 여성의 부드러움을 나타냅니다. 모든 일을 순조롭고 부드럽게 처리한다는 뜻입니다.

339

风
fēng
風 · 바람 풍

바람
丿 几 凡 风

刮风 guā fēng 바람이 불다

凡(무릇 범)+虫(벌레 충). 예전 사람들은 벌레가 움직여서 바람이 불었다고 생각했습니다. 이때는 벌레를 호랑이 같은 큰 동물로 보았지요.

340

亚
yà
亞 · 버금 아

① 다음가다 ② 제2의 ③ 아시아
一 丅 丌 讦 讦 亚

亚军 yàjūn 준우승
亚洲 Yàzhōu 아시아 주

亚太城市市长峰会首次
아태도시시장 일차정상회담

341

领 lǐng
領 · 거느릴 령

① 목 ② 통솔하다

丿 亽 今 令 令 𢟓 领 领 领

领带 lǐngdài 넥타이
领导 lǐngdǎo 지도하다, 지도자

뜻이 확장되어서 '옷의 깃'을 의미하기도 합니다.

342

转 ①zhuǎn ②zhuàn
轉 · 옮길, 구를 전

① 전환하다/전하다 ② 돌다/둘러보다

一 ナ 车 车 车 转 转

转让 zhuǎnràng 양도하다
转门 zhuànmén 회전문

车(수레 차)의 '구르다'라는 뜻과 專(오로지 전)의 발음으로 이루어진 글자입니다.

343

知 zhī
알 지

① 이해하다 ② 지식

丿 亼 乍 午 矢 知 知 知

知道 zhīdao 알다
知识 zhīshi 지식

344

四 sì
넉 사

4, 넷

丨 冂 冂 四 四

四周 sìzhōu 사방, 주위

식당 명함

345

jì
재주 기

기능, 솜씨

技术 jìshù 기술

베이징과학기술신문

346

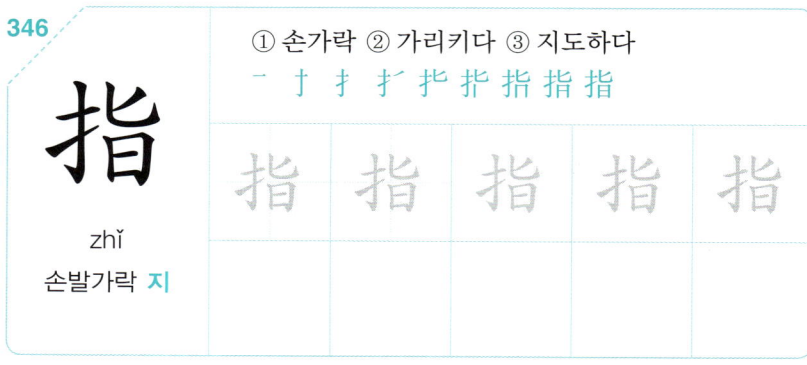

zhǐ
손발가락 지

① 손가락 ② 가리키다 ③ 지도하다

手指 shǒuzhǐ 손가락
指教 zhǐjiào 지도(하다)

347

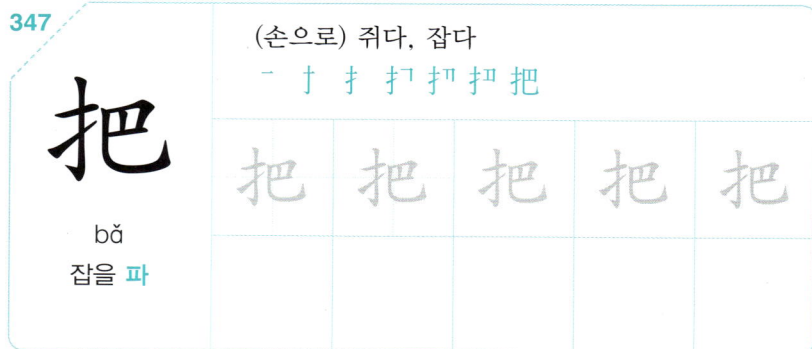

bǎ
잡을 파

(손으로) 쥐다, 잡다

把握 bǎwò
　　　파악하다, 성공의 가능성

348

jì
濟·건널 제

① (강을) 건너다 ② 돕다

济河 jì hé 강을 건너다
救济 jiùjì 구제하다

349

她
tā
그녀 타

그녀
ㄥ ㄠ 女 如 奵 她

她们 tāmen 그녀들

350

未
wèi
아닐 미

① 아직 ~하지 않았다 ② ~이 아니다
一 二 十 才 未

未必 wèibì
꼭 그렇다고 할 수 없다

가로획의 길이를 잘 보세요. 未(아닐 미)와 末(끝 말)은 다른 글자입니다.

351

统
tǒng
統·거느릴 통

① 총괄하다 ② 모두
ㄥ ㄠ ㄠ ㄠ 纟 纩 统 统 统

统	统	统	统	统
				统

统计 tǒngjì 통계(합산)하다

음료수 광고

352

再
zài
두 번 재

재차, 다시
一 冂 冃 丙 再 再

再说 zàishuō
다시 한번 말하다, 게다가

353

气
qì
氣 · 기운 **기**

① 기체 ② 호흡, 숨

空气 kōngqì 공기

일기예보 관련 책자

354

单
dān
單 · 홑 **단**

① 혼자의 ② 오직

单相思 dānxiāngsī 짝사랑
单独 dāndú 단독(으로)

원래 사냥기구나 무기를 뜻하던 글자입니다. 번체자 윗부분에 있는 두 개의 口는 사냥할 때 사용하던 날카롭게 간 돌을 의미합니다.

355

许
xǔ
許 · 허락할 **허**

① 허가하다 ② 대단히

允许 yǔnxǔ 허락하다
许多 xǔduō 대단히 많은

356

息
xī
숨 **식**

① 소식 ② 쉬다

信息 xìnxī 소식, 정보
休息 xiūxi 휴식(하다)

윗부분의 自는 鼻(코 비)를 나타냅니다. 코로 숨 쉬는 것으로 '쉬다'라는 의미를 표현하고 있습니다.

357

书 shū
書 · 글 서

책
ㄱ 크 书 书

书店 shūdiàn 서점

예전에는 '쓰다'라는 뜻으로 쓰였습니다.

358

几 ①jī ②jǐ
幾 · 거의, 얼마 기

① 거의 ② 몇
丿 几

几乎 jīhū 거의
几岁 jǐ suì 몇 살
几天 jǐ tiān 며칠

고대에 几는 '큰 탁자'를, 幾는 '군사를 부리다'라는 뜻으로 의미가 서로 달랐으나 현대에는 '몇'이라는 의미로 쓰입니다.

359

连 lián
連 · 이을 련

① 잇다 ② 계속하여
一 ㄣ ㄠ 车 车 迀 连

连结 liánjié 연결하다
连续 liánxù 계속하다

중국의 마사지 체인점

360

整 zhěng
가지런할 정

① 완전하다 ② 정돈하다
一 厂 ㄒ 市 束 束 敕 敕 敕 敕 整

整天 zhěngtiān 온종일
整齐 zhěngqí 단정하다

361

反
fǎn
돌이킬 반

반대 (방향)의
一 厂 厂 反

反对 fǎnduì 반대(하다)

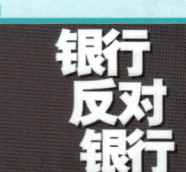

은행은 은행을 반대한다

362

营
yíng
營 · 경영할 영

① 추구하다 ② 경영하다

营利 yínglì 이익을 도모하다
营业 yíngyè 영업하다

번체자 윗부분에 火(불 화)가 두 개나 있습니다. 영업을 하려면 불을 환하게 비춰야 하기 때문이 아닐까요?

363

王
wáng
임금 왕

왕
一 二 干 王

国王 guówáng 국왕

영화 '쿵푸왕' 포스터

364

造
zào
지을 조

만들다

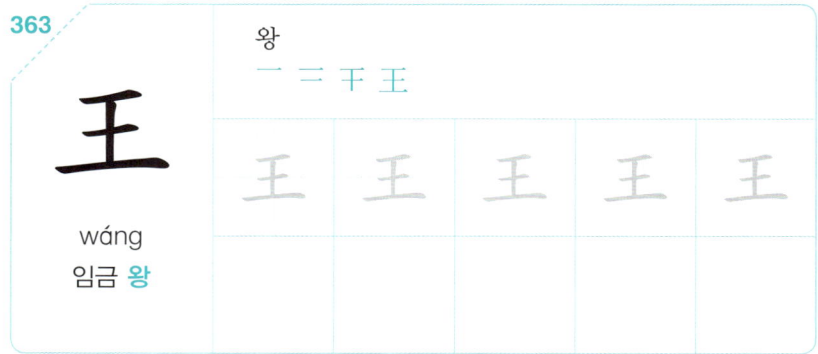

造成 zàochéng 조성하다
制造 zhìzào 제조(하다)

365

传
① chuán ② zhuàn
傳 · 전할 전

① 전하다, 퍼뜨리다 ② 전기
丿 亻 仁 仁 传 传

傳

传统 chuántǒng 전통
传记 zhuànjì 전기

366

财
cái
財 · 재물 재

재물
丨 冂 贝 贝 贝 财 财

财物 cáiwù 재화, 재산
财政 cáizhèng 재정

돈을 뜻하는 贝(조개 패)와 才(재주 재)의 발음이 만나 이루어진 글자랍니다.

367

项
xiàng
項 · 목덜미 항

① 목 ② 가지, 조항
一 丁 工 丁 丐 顶 项 项

项链 xiàngliàn 목걸이
项目 xiàngmù 항목

368

放
fàng
놓을 방

놓다
丶 亠 方 方 扩 放 放

放心 fàng xīn
마음을 놓다, 안심하다

方(모 방)의 발음과 攵(칠 복)의 뜻으로 이루어진 글자입니다.

369
级 jí
级 · 등급 급

① 등급 ② 학년

丿 乚 幺 纟 纱 级 级

高级 gāojí 고급
年级 niánjí 학년

학번을 말할 때도 쓰입니다. '06级'는 '06학번'을 뜻하지요.

370
或 huò
혹 혹

혹시, 아마

一 丆 冂 冋 冋 戓 或 或

或者 huòzhě 아마, 어쩌면

371
推 tuī
밀 추

① 밀다 ② (일을) 추진시키다

一 十 扌 扩 扩 扩 扩 拃 拃 推 推

推荐 tuījiàn 추천하다
推进 tuījìn 추진하다

문손잡이

372
讯 xùn
訊 · 물을 신

① 묻다 ② 소식

丶 讠 讥 讯 讯

通讯 tōngxùn 통신

꽁꽁 묶은 죄인을 심문하는 모습에서 나온 글자입니다.

373

李 lǐ
오얏 리

① 자두(나무) ② 성(姓)
一 十 才 木 本 李 李

姓李 xìng Lǐ 이씨입니다

성이 李씨일 경우 木子李[mù zǐ Lǐ]라고 하면 더 쉽게 알아들을 것입니다. 같은 발음의 글자가 워낙 많기 때문이지요.

374

准 zhǔn
準·허가할, 수준기 준

① 표준 ② 정확하다
丶 冫 冫 冫 冫 冫 冫 准 准 准

标准 biāozhǔn 표준(적이다)
准时 zhǔnshí 정확한 시간

375

难
① nán ② nàn
難·어려울, 재앙 난

① 어렵다 ② 재난
フ 又 又 对 对 对 难 难 难 难

难忘 nánwàng 잊기 어렵다
灾难 zāinàn 재난

6월 1일 어린이날 행사

376

医 yī
醫·의원 의

① 의사 ② 의학
一 匸 匸 匚 医 医 医

医院 yīyuàn 병원

각종 도구들을 모아놓은 글자입니다. 마치 의료용 칼이나 뾰족한 주사바늘 등을 의미하는 것 같네요.

377

变
biàn
變·변할 변

변화하다
丶亠亣亦峦峦变变

变	变	变	变	变
				變

变成 biànchéng 변하여 ~이 되다
变化 biànhuà 변화(하다)

378

空
①kōng ②kòng
빌, 비울 공

① (속이) 텅 비다 ② 비우다/비다/겨를
丶丶宀宀灾空空

空	空	空	空	空

空瓶子 kōng píngzi 빈병
空白 kòngbái 공백, 여백
有空 yǒu kòng 짬이 있다

379

热
rè
熱·열 열

① 덥다, 뜨겁다 ② 열렬하다, 친밀하다
一十扌打执执执热热

热	热	热	热	热
				熱

热烈 rèliè 열렬하다
热闹 rènao 번화하다

국경절 경축 플래카드

380

省
①shěng ②xǐng
덜 생, 살필 성

① 아끼다 ② 반성하다
丨丨丨少少省省省省

省	省	省	省	省

节省 jiéshěng 절약하다
省钱 shěng qián
　　돈을 절약하다
反省 fǎnxǐng 반성(하다)

381

士
shì
선비 사

① 지식인 ② 사람에 대한 존칭
一 十 士

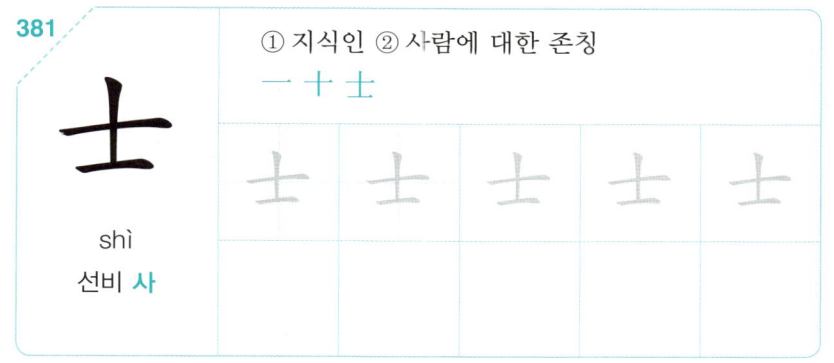

女士 nǚshì 여사, 부인

士는 '고대 전투에서 자신의 마차나 말이 있던 군인'을, 卒[zú]는 '고대 전투에서의 보병'을 뜻했습니다.

382

完
wán
완전할 완

① 완전하다 ② 다하다
丶 宀 宀 宁 宁 完

完全 wánquán 완전하다, 충분하다
完了 wán le 끝났다

383

府
fǔ
곳집 부

관청, 관공서
丶 亠 广 广 广 府 府

政府 zhèngfǔ 정부

원래 고대 문서나 재물을 보관하는 일종의 창고를 뜻하다가 고관대작의 집을 칭하는 글자로도 쓰였습니다.

384

才
cái
재주 재
纔·겨우 재

① 재주 ② ~에야 비로소 ③ 겨우
一 十 才

才能 cáinéng 재능
才一年 cái yì nián 겨우 1년

인터넷사이트 광고판

385

客 kè 손님 객

① 손님 ② 객관(적인)

丶丶宀宀㝏㝏客客

客人 kèrén 손님
客观 kèguān 객관(적이다)

386

英 yīng 꽃 영

(재능이나 지혜가 뛰어난 사람)

一十艹艹艾苙英英

英雄 yīngxióng 영웅
英国 Yīngguó 영국

艹(풀 초)+央(가운데 앙). 식물의 가운데, 즉 '가장 좋은 것'이라는 의미가 됩니다.

387

超 chāo 뛰어넘을 초

넘다, 벗어나다

一十土キ丰赱走起起超超

超过 chāoguò 추월하다, 초과하다
超市 chāoshì 슈퍼마켓
超人 chāorén 슈퍼맨

388

条 tiáo 條·가지 조

① 순서, 조리 ② (가늘고 긴 것을 세는 양사)

丿夂夂冬条条

条件 tiáojiàn 조건
一条河 yì tiáo hé 한 줄기 강

원래 '작은 나뭇가지'라는 뜻입니다.

389 始 shǐ 처음 시
① 처음, 최초 ② 시작하다

始终 shǐzhōng 시종, 언제나
开始 kāishǐ 시작하다

390 续 xù 續·이을 속
계속하다

继续 jìxù 계속(하다)

TV 연속극 포스터

391 销 xiāo 銷·녹을 소
① (금속을) 녹이다 ② 팔다

销售 xiāoshòu 팔다, 판매하다

392 米 mǐ 쌀 미
쌀

米饭 mǐfàn 쌀밥

밥과 분식 요리책

393

获 huò
獲 · 얻을 획

① 얻다 ② 거두어들이다
一 十 艹 艹 艹 荐 荐 荐 获 获

获得 huòdé 획득하다
收获 shōuhuò 수확하다

394

考 kǎo
상고할 고

① 시험보다 ② 조사하다
一 十 土 耂 考 考

考试 kǎoshì 시험(보다)
考察 kǎochá 시찰하다, 고찰하다

395

又 yòu
또 우

① 또 ② 동시에
フ 又

又酸又甜 yòu suān yòu tián 새콤달콤

이 글자는 다른 글자와 합쳐져 手(손 수)의 의미로 쓰이는 경우가 많습니다.

396

注 zhù
흐를 주

① 쏟다 ② 집중하다
丶 丶 氵 氵 汁 汁 注 注

注射 zhùshè 주사(하다)
注意 zhùyì 주의(하다)

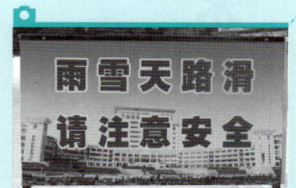

눈비 올 때 미끄럼 주의

397 众 zhòng 眾 · 무리 중
① 많다 ② 많은 사람

观众 guānzhòng 관중

人(사람 인)이 세 개이니 세 사람, 즉 '사람이 많다'를 나타냅니다. 중국어에서 3은 '여럿'을 의미하는 경우가 종종 있습니다.

398 游 yóu 헤엄칠 유
① 헤엄치다 ② 이리저리 다니다

游泳 yóuyǒng 수영(하다)
旅游 lǚyóu 여행(하다)

우리는 游를 '수영하다'라는 뜻으로, 遊(놀 유)는 '놀다' 등의 뜻으로 씁니다. 중국은 1955년 이후 비슷한 뜻이나 모양의 한자를 정리하면서 모두 游로 통일했습니다.

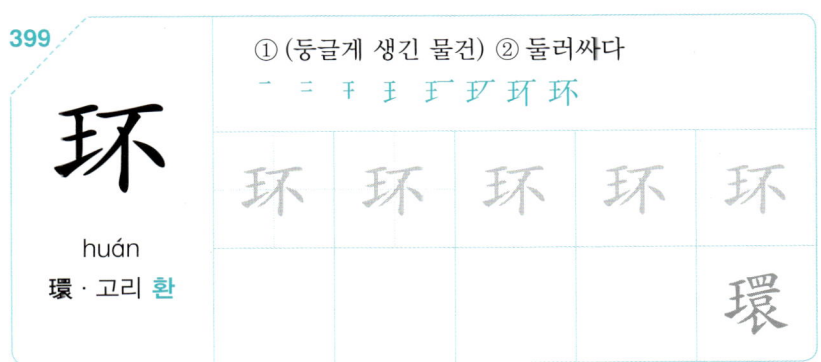

399 环 huán 環 · 고리 환
① (둥글게 생긴 물건) ② 둘러싸다

环境保护 huánjìng bǎohù
환경보호

거리 표지판

400 支 zhī 가지 지
① 지불하다 ② 자루(펜 등을 세는 양사)

支出 zhīchū 지출(하다)
一支笔 yì zhī bǐ 펜 한 자루

401

站
zhàn
우두커니 설 **참**

① 서다 ② 멈추다 ③ 정류장

丶 亠 亠 立 立 立 计 站 站

火车站 huǒchēzhàn 기차역

지하철역 표지판

402

走
zǒu
달릴 **주**

① 가다 ② 왕래하다

一 十 土 キ キ 走 走

走失 zǒushī 실종되다, 잃다
走私 zǒu sī 밀수하다, 몰래 떠나다

사람이 급하게 걷는 모양에서 나온 글자입니다.

403

步
bù
걸음 **보**

① 걸음 ② 단계

丨 丨 止 止 牛 井 步

步道 bùdào 보도, 인도
进一步 jìn yí bù 진일보하다

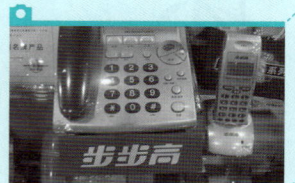

중국제 워크맨 뿌뿌까오

404

儿
ér
兒 · 아이 **아**

① 아이 ② (명사 뒤에 붙어 작은 것을 나타냄)

丿 儿

兒

儿童 értóng 어린이, 아동
小孩儿 xiǎoháir 어린아이

405 何 hé 어찌 하
무엇, 어디, 왜

何处 héchù 어디, 어느 곳
何时 héshí 언제

현대중국어의 什么[shénme]와 같습니다.

406 师 shī 師·스승 사
스승

师傅 shīfu (학문·기예 따위의) 스승, 사부
师生 shīshēng 스승과 제자

407 号 hào 號·이름 호
① 번호 ② 등급 ③ 일

号码 hàomǎ 번호, 사이즈
几号 jǐ hào 며칠

버스 노선 번호

408 确 què 確·정확할 확
① 확실하다 ② 확실히

确定 quèdìng 확정하다, 확인하다

石(돌 석)의 '딱딱하다'라는 뜻과 角(견줄 각)의 발음으로 이루어진 글자입니다.

409 带 dài 带·띠 대

① 띠 ② (몸에) 지니다

皮带 pídài 가죽 벨트
带有 dàiyǒu 지니고 있다

고대 전통복장의 허리띠를 두른 모습에서 나온 글자입니다.

410 况 kuàng 况·하물며 황

모양, 상태

情况 qíngkuàng 정황, 상황

411 望 wàng 望·바라볼 망

① 바라보다 ② 바라다

望远镜 wàngyuǎnjìng 망원경
希望 xīwàng 희망(하다)

412 见 jiàn 見·볼 견

① 보(이)다 ② 만나다

见闻 jiànwén 견문, 보고 들은 것
见面 jiàn miàn 만나다

사람의 한쪽 눈 모양입니다.

413
势 shì
势 · 세력 세

① 권력 ② 기세 ③ (정치·군사·사회적) 정세
一 十 扌 扌 执 执 势 势

- 势力 shìlì 세력, 권력
- 时势 shíshì 시대 상황
- 形势 xíngshì 정세, 형편

414
警 jǐng
경계할 경

① 경계하다 ② 경고하다 ③ 경찰
一 十 艹 艹 艿 苟 苟 苟 苟 敬 敬 敬 敬 警 警 警

- 警告 jǐnggào 경고(하다)
- 警察 jǐngchá 경찰

영화 '폴리스 스토리' 포스터

415
源 yuán
근원 원

① 물의 근원 ② (사물의) 근원, 기원
丶 丶 氵 氵 汋 汋 汈 沥 源 源 源 源

- 来源 láiyuán 수원, 발단

416
什 shén
열 사람 십

무엇, 무슨
丿 亻 仁 什

- 什么的 shénmede ~등등(따위)

十(열 십)의 뜻이 있기는 하지만 숫자 '열'이 아니라 열 배에 달할 만큼 그 '양이 많다'는 것을 의미합니다.

417

责 zé
責 · 꾸짖을 **책**

① 책임 ② 책임지우다

一 二 丰 青 青 责 责

责任 zérèn 책임

418

型 xíng
거푸집 **형**

① 본, 모형 ② 유형, 모양

一 二 于 开 开 刑 刑 型 型

型号 xínghào 사이즈
血型 xuèxíng 혈액형

도로 표지판

419

创 ①chuāng ②chuàng
創 · 다칠, 비롯할 **창**

① 상처 ② 시작하다

丿 ㅅ 今 仓 仓 创

创伤 chuāngshāng 외상, 상처
创办 chuàngbàn 창립하다
创造 chuàngzào 창조하다

420

奖 jiǎng
獎 · 권면할 **장**

① 장려하다 ② 상장, 상품 등

丶 ⺍ 𠂉 爿 爿 岁 奖 奖

奖励 jiǎnglì 장려하다, 표창하다
奖品 jiǎngpǐn 상품

421

需 xū
구할 수

① 필요로 하다 ② 필수품, 수요

一 厂 厂 币 币 币 雨 雨 雪 雪 需 需 需 需

需要 xūyào 필요(로 하다)

산아계획에 관한 선전문구

422

协 xié
協 · 합할 협

① 합하다 ② 협조하다

一 十 办 协 协 协

协会 xiéhuì 협회
协商 xiéshāng 협상(하다)

'열 사람의 힘이 합쳐지다'에서 나온 글자입니다.

423

演 yǎn
흐를 연

공연하다

丶 丶 氵 氵 汁 汩 浐 浐 演 演 演 演

表演 biǎoyǎn
상연(하다), 연기(하다)

424

质 zhì
質 · 모양 질

① 성질 ② 품질

一 厂 厂 厂 厈 质 质 质

性质 xìngzhì 성질
质量 zhìliàng 질량, 품질

425

形 xíng
형상 형

① 형상 ② 형체 ③ 나타나다
一 三 于 开 开 形 形

形成 xíngchéng 형성하다
形容词 xíngróngcí 형용사

426

举 jǔ
舉 · 들 거

① 들어올리다 ② 일으키다
丶 丷 丷 丷 严 兴 兴 兴 举

擧

举手 jǔ shǒu 손을 들다
举办 jǔbàn 거행하다, 개최하다

번체자 아래쪽에 手(손 수)가 보이죠? '손을 들다'라는 의미에서 나온 글자랍니다.

427

较 jiào
較 · 견줄 교

비교하다
一 十 土 卡 车 车 轩 轩 轩 较 较

較

比较 bǐjiào 비교하다, 비교적

연구 비교 도서

428

争 zhēng
爭 · 다툴 쟁

① (무엇을 얻거나 이루려고) 다투다 ② 논쟁하다
丿 𠂊 𠂊 刍 刍 争

爭

争论 zhēnglùn 논쟁(하다)
争取 zhēngqǔ 쟁취하다, 얻다

하나의 물건을 놓고 서로 차지하려는 손의 모양에서 나온 글자입니다.

429

色 sè
빛 **색**

색
丿 ㄱ ㄅ 卢 冷 色

| 色 | 色 | 色 | 色 | 色 |

- 色彩 sècǎi 색채
- 颜色 yánsè 색깔

구어에선 [shǎi]라고 발음하기도 합니다. 의복 등 '색'이 중요한 일을 하는 사람들과 물건에 대해 이야기할 때 이렇게 발음하는 것을 종종 들을 수 있습니다.

430

治 zhì
다스릴 **치**

① 다스리다 ② 치료하다
丶 丶 氵 氵 氵 汁 治 治

| 治 | 治 | 治 | 治 | 治 |

- 治国 zhìguó 나라를 다스리다
- 治疗 zhìliáo 치료(하다)

물을 잘 관리하고 다스려야 한다는 것에서 나온 글자입니다.

431

约 yuē
約·약속 **약**

약속하다
乚 乡 纟 纟 约 约

| 约 | 约 | 约 | 约 | 约 |
| | | | | 約 |

- 约定 yuēdìng 약정(하다), 약속(하다)
- 约会 yuēhuì 만날 약속을 하다

432

容 róng
받아들일 **용**

받아들이다, 담다
丶 丶 宀 宀 宀 宀 宀 穴 穴 容 容

| 容 | 容 | 容 | 容 | 容 |

- 容量 róngliàng 용량
- 容易 róngyì 쉽다

집을 뜻하는 갓머리와 谷(골짜기 곡)에는 둘 다 '받아들이다'라는 뜻이 있습니다.

433

真 zhēn
眞 · 참 진

① 진실하다 ② 참으로

一 十 十 古 占 甴 卣 盲 直 真 真

真 真 真 真 真

　　　　　　　　　　眞

真实 zhēnshí 진실하다
真正 zhēnzhèng 진정한

434

具 jù
갖출 구

① 기구, 도구 ② 갖추다

丨 冂 冂 月 且 且 具 具

具 具 具 具 具

农具 nóngjù 농기구
具体 jùtǐ 구체적이다
具备 jùbèi 갖추다, 구비하다

사람이 두 손으로 물 끓이는 기구를 들고 있는 모습에서 나온 글자입니다.

435

称 chēng
稱 · 일컬을 칭

① 부르다 ② 칭찬하다

一 二 千 千 禾 禾 秆 秆 称 称

称 称 称 称 称

　　　　　　　　　　稱

称呼 chēnghu 부르다, 호칭
称赞 chēngzàn 칭찬(하다)

사람이 손으로 물고기를 잡는 모양에서 나온 글자입니다. '~를 들다' → '무게를 재다' → '칭찬하다'로 뜻이 변해왔습니다.

436

汽 qì
김 기

① 증기 ② 기체

丶 丶 氵 氵 氵 氵 汽

汽 汽 汽 汽 汽

汽车 qìchē 자동차

자동차 부품

罗马 Luómǎ 로마

윗부분은 그물, 아랫부분은 새의 모양으로 '새가 그물에 있다'라는 의미입니다.

显然 xiǎnrán 명백하다, 분명하다
显得 xiǎnde ~하게 보이다

原则 yuánzé 원칙

鼎(솥 정)+刀(칼 도). 솥과 칼은 어떤 일정한 규칙에 의해 만들어져야 하지요?

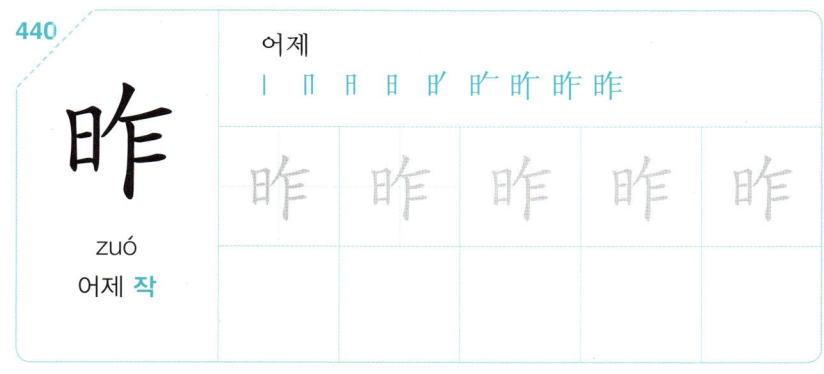

昨晚 zuówǎn 어제 저녁

어젯밤의 비바람

441

施
shī
베풀 시

시행하다

施行 shīxíng 시행하다, 실행하다
措施 cuòshī 조치

바람에 휘날리는 깃발의 모습을 본 뜬 글자입니다.

442

率
①lǜ ②shuài
비율 률, 거느릴 솔

① 율, 비율 ② 인솔하다, 거느리다

效率 xiàolǜ 효율
率领 shuàilǐng 거느리다

443

牌
pái
패 패

① 간판 ② 상표

名牌儿 míngpáir 유명 상표

맥도날드 금메달감 선택메뉴

444

快
kuài
쾌할 쾌

① 빠르다 ② 유쾌하다

快速 kuàisù 쾌속의
快乐 kuàilè 즐겁다, 유쾌하다

새해 인사 문구

445

星
xīng
별 성

별
丨 冂 日 旦 旦 $\boxed{\text{星}}$ 星 星

星星 xīngxing 별
星期一 xīngqīyī 월요일

446

图
tú
圖 · 그림 도

그림, 도표
丨 冂 冂 囟 图 图 图 图

地图 dìtú 지도
图书馆 túshūguǎn 도서관

도서관

447

采
cǎi
採 · 캘 채

① 채집하다 ② 선택하다
丿 爫 爫 平 平 采 采

採

采集 cǎijí 채집(하다)
采购 cǎigòu 구입하다
采取 cǎiqǔ
 (방침, 수단 등을) 채택하다, 취하다

손으로 나무 위의 무언가를 '따내다' 라는 뜻에서 나온 글자입니다.

448

供
① gōng ② gòng
기바지할 공

① 공급(하다) ② (제물을) 바치다
丿 亻 什 什 供 供 供

提供 tígōng 제공하다
供酒 gòng jiǔ 술을 바치다

449

易

yì

쉬울 이, 바꿀 역

① 쉽다 ② 바꾸다

丨 冂 冃 日 旦 旦 易 易

简易 jiǎnyì 간단하고 쉬운
交易 jiāoyì 교역(하다)

450

党

dǎng

黨 · 무리 당

① 당 ② 집단

丨 丷 宀 굗 굗 쑤 쑤 쑤 党

共产党 gòngchǎndǎng
공산당

공산당원 교육

451

银

yín

銀 · 은 은

① 은 ② (은화 또는 화폐와 관계 있는 것)

丿 亠 乍 乍 钅 钅 钅 钅 鈆 银 银

银行 yínháng 은행

중국은행

452

低

dī

낮을 저

① 낮다 ② (머리를) 숙이다

丿 亻 亻 仁 仟 低 低

高低 gāodī 높이
低头 dītóu 머리를 숙이다

453
巴
bā
땅 이름 **파**

(음역에 사용)
フ コ 巴 巴

巴黎 Bālí 파리(프랑스의 수도)

스타벅스 기사

454
份
fèn
몫 **분**

전체 중의 일부분, 몫
丿 亻 亻 仈 份 份

股份 gǔfèn 주식

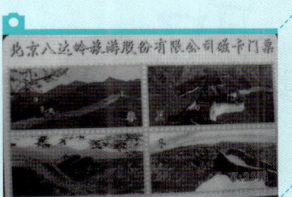
베이징 빠다링 카드식 입장권

455
江
jiāng
물 이름 **강**

강
丶 丶 氵 汀 江 江

江山 jiāngshān 강산
长江 Chángjiāng 양자강, 장강

고대에는 양자강을 江[Jiāng]이라 불렀기 때문에 黃河[Huánghé 황하]는 강이라 하지 않았던 것입니다.

456
研
yán
갈 **연**

① 갈다 ② 연구하다
一 プ イ 石 石 石 矸 矸 研

研究 yánjiū
연구(하다), 고려(하다)

이백(李白)이 젊을 때 길에서 우연히 본 할머니가 두꺼운 쇠막대기를 천천히 갈아 바늘로 쓴다는 말을 듣고서 학문을 연마했다고 합니다. 石(돌 석)이 이 글자의 핵심입니다. 돌을 가는 마음으로 연구한다는 의미겠죠?

457
油 yóu
기름 유

기름

加油 jiā yóu
기름을 넣다, 응원하다

응원하는 모습

458
职 zhí
職·직분 직

① 직무 ② 직위

职务 zhíwù 직무
职员 zhíyuán 직원

459
备 bèi
備·갖출 비

① 구비하다 ② 미리 갖추다

准备 zhǔnbèi 준비하다
备用 bèiyòng 비축하다

460
排 pái
늘어설 배

① 차례로 놓다 ② 줄, 열

排队 pái duì 줄서다

갈비

461 校 xiào 학교 교

学校 xuéxiào 학교
校长 xiàozhǎng 학교장

462 款 kuǎn 정성 관
① 초대하다 ② 조항

款待 kuǎndài 환대하다, 정성껏 대접하다
款式 kuǎnshì 격식, 양식

463 光 guāng 빛 광
① 빛 ② 영예

光彩 guāngcǎi 광채, 영예
光荣 guāngróng 영광스럽다

사람 머리 위에 빛이 있는 모습에서 나온 글자입니다.

464 户 hù 집 호
집, 가구

家家户户 jiājiāhùhù 가가호호, 집집마다

문이 양쪽으로 두 짝이면 门[mén], 한 짝이면 户라고 합니다.

465 半 bàn 절반 반
절반
丶丷匕半

半点钟 bàn diǎnzhōng 30분

여관

466 引 yǐn 당길 인
① 끌다 ② 야기하다
フ 弓 弖 引

引导 yǐndǎo 안내하다, 인도하다
引起 yǐnqǐ (주의를) 끌다, (사건 등을) 일으키다

활과 사람의 모양을 본뜬 글자로 '(활 시위를) 당기다'라는 뜻으로 만들어졌습니다.

467 防 fáng 막을 방
막다, 지키다
マ 阝 阝丶阝一防防

预防 yùfáng 예방(하다)
国防 guófáng 국방
防止 fángzhǐ 방지하다

468 包 bāo 쌀 포
① 싸다 ② 포함하다
ノ 勹 勺 匀 包

包装 bāozhuāng 포장(하다)
包括 bāokuò 포함하다
包子 bāozi (소가 든) 만두

사람이 뱃속에 있는 모습을 본뜬 글자입니다. 후에 몇몇 다른 뜻이 더 생기자 胞(배 포)자가 따로 만들어졌습니다.

469

失 shī
잃을 실

잃다, 놓치다

ノ ヒ 4 失 失

- 失去 shīqù 잃다, 잃어버리다
- 失望 shīwàng 실망하다

470

五 wǔ
다섯 오

5, 다섯

一 丁 五 五

- 五瓶 wǔ píng 다섯 병

471

林 lín
수풀 림

수풀

一 十 才 木 木 村 村 林

- 森林 sēnlín 삼림
- 林业 línyè 임업

식당 간판

472

击 jī
擊·칠 격

① 치다 ② 공격하다

一 二 キ 击 击

- 击败 jībài 격파하다
- 攻击 gōngjī 공격(하다)
- 打击 dǎjī 치다, 공격(하다)

473
病 bìng
병 병

병
丶 亠 广 广 广 疒 疔 病 病

病人 bìngrén 환자
看病 kàn bìng 문병하다, (의사가) 진찰하다

474
律 lǜ
법률

법
丿 彳 彳 彳 彳 律 律 律

法律 fǎlǜ 법률
律师 lǜshī 변호사

475
像 xiàng
모양 상

① 닮다 ② 마치 ~와 같다
丿 亻 亻 伫 伫 伫 伫 伊 停 像 像 像

好像 hǎoxiàng 마치 ~와 같다

전자제품점

476
仅 jǐn
僅 · 겨우 근

① 겨우, 가까스로 ② 다만
丿 亻 仅 仅

僅

仅仅 jǐnjǐn 단지, 다만
仅有 jǐnyǒu 거의 ~없다

477 精 jīng 찧을 정
① 정제한 ② 훌륭하다
丶丷丶十十十米米米米精精精

精彩 jīngcǎi (공연, 전람 등이) 훌륭하다

米(쌀 미)의 뜻과 青(푸를 청)의 발음으로 이루어진 글자로, 원래는 '좋은 쌀'이란 뜻이었답니다.

478 构 gòu 構・얽을 구
① 얽어 짜다 ② 결성하다
一十才木朹构构构

构成 gòuchéng 구성(하다)
结构 jiégòu 구조, 기구
机构 jīgòu 기구

479 太 tài 클 태
① 몹시, 너무 ② 크다
一ナ大太

太过 tàiguò 너무 지나치다
太阳 tàiyáng 태양

연애에 관한 소설

480 农 nóng 農・농사 농
① 농업 ② 농민
丶一ナ广农农

农村 nóngcūn 농촌
农业 nóngyè 농업

작게는 '작물을 땅에 심는 것'을 의미하고, 크게는 '임업' '목축업' '어업' 등의 의미도 포함합니다.

481 监 jiān
監 · 살필 감

감시하다

丨 丨丨 丨ㅏ 吖 吓 吡 吃 监 监

监督 jiāndū 감독하다, 감독(자)
监视 jiānshì 감시하다

거울이 발명되기 전에는 자신의 모습을 보려면 맑은 물에 비춰 보는 방법밖에 없었는데, 이 글자는 바로 그 모습을 본뜬 것입니다.

482 段 duàn
구분 단

토막, 일정한 시간

一 厂 广 F F 臼 臼 段 段

段落 duànluò 단락, 구분
一段时间 yíduàn shíjiān 한동안

사람이 절벽에서 망치질을 하여 돌이 조각조각 깨지는 모습을 본뜬 글자입니다.

483 划 ①huá ②huà
劃 · 그을 획

① 물을 헤치다/셈이 맞다 ② (금을) 긋다/계획하다

一 七 戈 戈 戈 划

划船 huá chuán 배를 젓다
划拳 huá quán 가위바위보를 하다
计划 jìhuà 계획(하다)

484 清 qīng
맑을 청

① 깨끗하다 ② 똑똑하다

丶 丶 氵 氵 汁 浐 浐 浐 清 清 清

清洁 qīngjié 청결하다
清楚 qīngchu 분명하다

485
住 zhù 머무를 주
① 살다 ② 그치다

住家 zhùjiā 거주하다
雨住了 yǔ zhù le 비가 그쳤다

여관 광고 문구

486
限 xiàn 경계 한
① 한도 ② 범위를 정하다

限度 xiàndù 한도, 한계
限制 xiànzhì 제한하다, 속박하다

487
险 xiǎn 險·험할 험
① 위험(하다) ② 보험

危险 wēixiǎn 위험(하다)
保险 bǎoxiǎn 보험, 안전하다

488
根 gēn 뿌리 근
뿌리

根本 gēnběn 근본, 기초

489

助 zhù 도울 조 — 돕다, 협조하다

- 帮助 bāngzhù 돕다
- 助理 zhùlǐ 보조(하다)

오른쪽에 힘써 돕는다는 의미의 力(힘 력)이 있습니다.

490

票 piào 쪽지 표 — 표

- 门票 ménpiào 입장권

모든 창구에서 학생용 티켓을 판매한다는 안내판

491

火 huǒ 불 화 — 불

- 火箭 huǒjiàn 로켓
- 火星 huǒxīng 화성

불꽃 모양을 본뜬 글자입니다.

492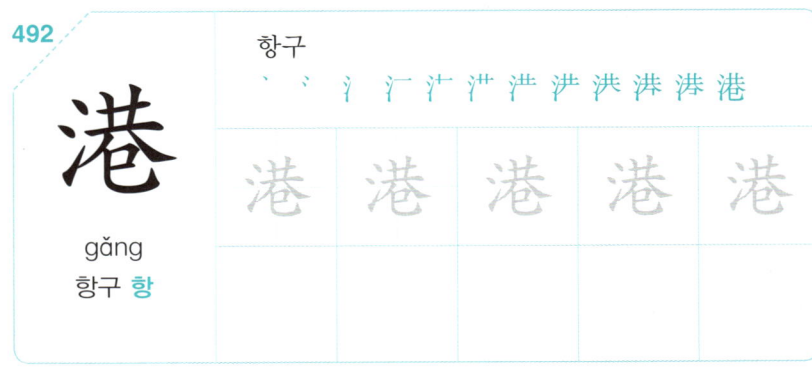

港 gǎng 항구 항 — 항구

- 港口 gǎngkǒu 항만
- 香港 Xiānggǎng 홍콩

493

百 bǎi
일백 **백**

① 100, 백 ② 많은 수
一 ア ア 百 百 百

百 百 百 百 百

🔷
百分比 bǎifēnbǐ 백분율
老百姓 lǎobǎixìng 국민, 대중

백화점 전경

494

复 fù
複 · 돌아올 **복**
復 · 다시 **부**

① 중복하다 ② 회복하다 ③ 또
丿 ㇒ 亻 仁 午 台 旨 复 复

复 复 复 复 复
　　　　　　　　　　複 復

🔷
复习 fùxí 복습하다
恢复 huīfù 회복하다
复杂 fùzá 복잡하다

495

券 quàn
문서 **권**

① 권, 증권 ② 지폐
丶 丷 并 半 券 券 券 券

券 券 券 券 券

🔷
入场券 rùchǎngquàn 입장권
券额 quàn'é 액면

496

速 sù
빠를 **속**

① 빠르다 ② 속도
一 ア 百 百 申 束 束 束 速 速

速 速 速 速 速

🔷
速成 sùchéng 속성(하다)
速度 sùdù 속도

고속버스

497

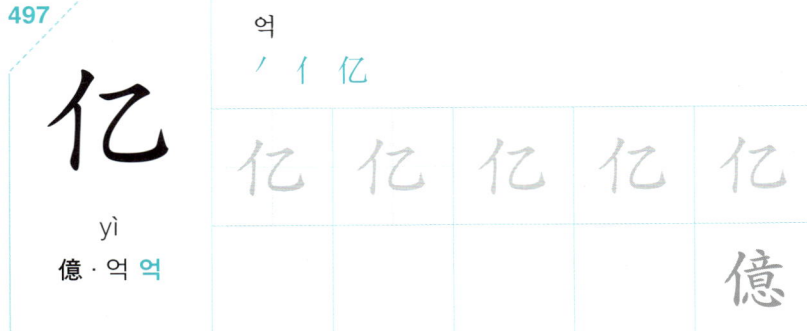

亿 yì
億·억 억

一亿 yí yì 1억
亿万 yìwàn 억만(의), 무수(한)

498

花 huā
꽃 화

开花 kāi huā 꽃이 피다

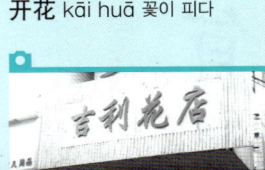

꽃가게

499

越 yuè
넘을 월

超越 chāoyuè
　　뛰어나다, 초월하다
越来越 yuèláiyuè
　　점점, 더욱더

500

晚 wǎn
해질 만

晚上 wǎnshang 저녁
晚饭 wǎnfàn 저녁밥

501 预 yù 預·미리 예
미리, 사전에

预报 yùbào 예보(하다)
预备 yùbèi 준비(하다), ~할 예정이다

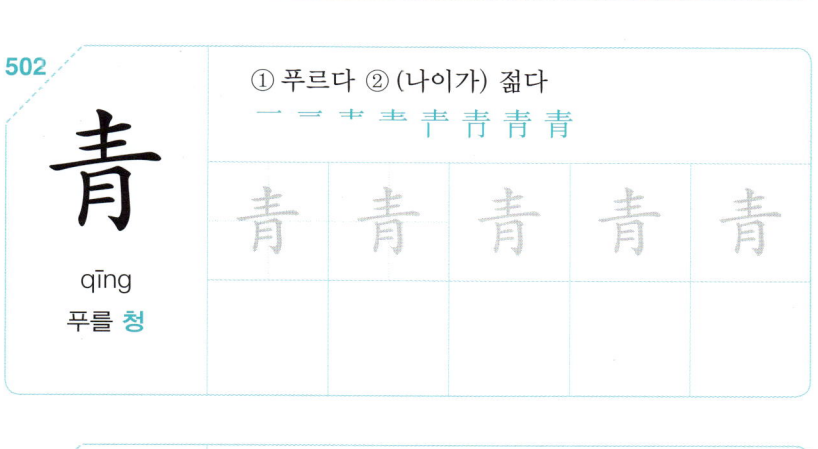

502 青 qīng 푸를 청
① 푸르다 ② (나이가) 젊다

青年 qīngnián 청년

상하이 청년직업소개소

503 类 lèi 類·무리 류
① 종류 ② 유사하다

类型 lèixíng 유형
类似 lèisì 유사하다

간체자 아랫부분은 大(클 대), 번체자 아랫부분은 犬(개 견)입니다.

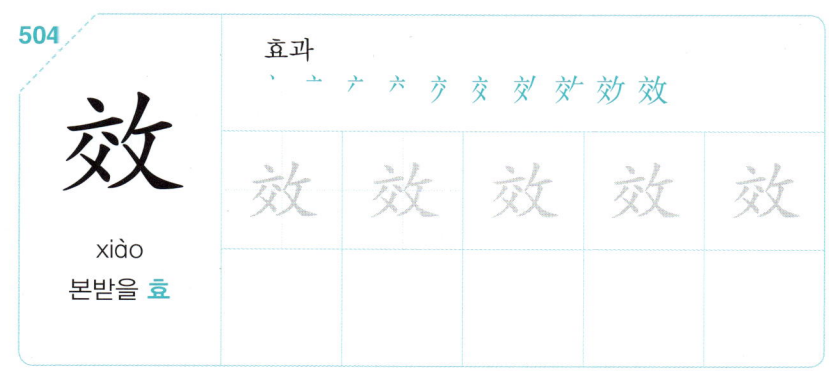

504 效 xiào 본받을 효
효과

效果 xiàoguǒ 효과

505 胜 shèng 勝·이길 승
이기다

胜利 shènglì 승리(하다)

전쟁 승리 기념좌담회

506 置 zhì 둘 치
① 놓다 ② 배치하다, 설치하다

安置 ānzhì 안치하다, 배치하다
设置 shèzhì 설치하다

507 声 shēng 聲·소리 성
소리

声调 shēngdiào 성조
声音 shēngyīn 소리, 목소리

한 사람이 작은 방망이로 옛날 타악기를 두드리는 모습을 본뜬 글자입니다.

508 购 gòu 購·살 구
사다

购物 gòuwù 구매하다

본래 의미는 현상금을 걸고 무언가를 모집하는 것을 말합니다.

509
即 jí
即·곧 즉

① 설령 ~할지라도 ② 즉각
フ ヨ ヨ ョ 艮 艮 即 即

即使 jíshǐ 설령 ~하더라도
即刻 jíkè 곧, 즉각

무릎을 꿇은 한 사람 앞에 음식이 준비되어 있는 것을 본뜬 글자로, 본래 의미는 '음식을 먹다'입니다.

510
维 wéi
維·맬 유

유지하다, 보존하다
ノ ㄥ ㄠ 纟 纟 纟 纤 纤 维 维

维持 wéichí 유지하다
维生素 wéishēngsù 비타민

'사고(思考)하다'라는 의미로 쓰일 경우 维와 惟[wéi]는 통용됩니다.

511
练 liàn
練·익힐 련

① 연습하다 ② 경험이 풍부하다
ノ ㄥ ㄠ 纟 纩 练 练 练

练习 liànxí 연습하다
熟练 shúliàn 능숙하다

'실이나 견직물을 가공해서 부드럽고 깨끗하게 만들다'라는 뜻에서 '문장이나 언행이 간결하다'라는 뜻으로 확장되었습니다.

512
售 shòu
팔 수

팔다
ノ 亻 亻 广 疒 售 售 售 售 售

售票员 shòupiàoyuán 매표원

매표소

513

负 fù
负·질 부

① (짐 따위를) 지다 ② 임무(를 맡다)
丿 ⺈ 冎 负 负 负

负担 fùdān 부담(하다), 책임(지다)
负责人 fùzérén 책임자

人(사람 인)+贝(조개 패). 재물이 어느 정도 있어야 마음의 의지가 된다는 뜻에서 나온 글자입니다.

514

候 hòu
물을 후

① 기다리다 ② 문안하다
丿 亻 亻 仁 伫 伫 伫 候 候 候

等候 děnghòu 기다리다
问候 wènhòu 안부를 묻다

515

值 zhí
값 치

① 가치 ② ~할 만하다
丿 亻 广 广 伫 佔 佔 值 值

价值 jiàzhí 가치
值得 zhíde
값에 상응하다, ~할 만한 가치가 있다

516

居 jū
살 거

① 거주하다 ② 머무르다
フ ヨ 尸 尸 尸 尸 居 居

居留证 jūliúzhèng 거류증

외국인용 영구거류증

517 健 jiàn 굳셀 건
① 건강하다 ② 강하게 하다

健康 jiànkāng 건강(하다)
健身 jiànshēn 몸을 튼튼히 하다

人(사람 인)+建(세울 건).

518 终 zhōng 終·끝 종
① 끝(나다) ② 결국

终点 zhōngdiǎn 종점, 결승점
终于 zhōngyú 마침내

'죽음'을 연상시키는 뜻 때문에 중국인들은 终과 발음이 같은 钟[zhōng 시계] 선물을 주고받지 않습니다.

519 义 yì 義·옳을 의
① 의 ② 뜻

义气 yìqi 의리, 의협심
义务 yìwù 의무

간체자 윗부분의 점은 나중에 생긴 것입니다.

520 历 lì 歷·지낼 력 / 曆·책력 력
① 경험하다 ② 지나다 ③ 역법

来历 láilì 내력, 경력
历史 lìshǐ 역사
阳历 yánglì 양력

날짜를 계산하는 '역법'에서 자신이 지내온 '경력' 등으로 그 뜻이 확장되었습니다.

521

优 yōu
優 · 뛰어날 우

뛰어나다, 훌륭하다
丿 亻 仁 仕 优 优

- 优点 yōudiǎn 장점
- 优秀 yōuxiù 우수하다

요즘에는 없어졌지만, 과거 '수우미양가'의 '우'가 바로 이 글자입니다.

522

随 suí
隨 · 따를 수

① 따르다 ② 마음대로 하게 하다
阝 阝 阝 阡 阡 防 陏 陏 随 随

- 随便 suíbiàn 무책임하다
- 随时 suíshí 수시로, 언제나

경찰 안내 포스터

523

必 bì
반드시 필

반드시 ~해야 한다
丶 丿 必 必 必

- 必须 bìxū 반드시 ~해야 한다
- 必然 bìrán 필연적이다

524

响 xiǎng
響 · 울림 향

① 소리 ② 소리를 내다
丨 冂 口 口' 叮 响 响 响

- 响亮 xiǎngliàng
  (소리가) 높고 크다

口(입 구)의 뜻과 向(향할 향)의 발음으로 이루어진 글자입니다.

525 益 yì 더할 익
이익, 도움
丶 丷 产 关 并 养 养 益 益

利益 lìyì 이익

아랫부분은 皿(그릇 명)입니다. 그릇에 물이 넘치는 모양으로 '이익이 넘쳐나다'라는 뜻을 나타냅니다.

526 村 cūn 마을 촌
마을
一 十 才 木 村 村 村

村落 cūnluò 촌락

屯(진칠 둔)이 변해서 생긴 글자입니다. 지금도 베이징 등지에 가면 동네 이름의 마지막 글자가 屯[tún]인 곳이 있습니다.

527 究 jiū 연구할 구
① 연구하다 ② 결국, 도대체
丶 丶 宀 宀 穴 究 究

讲究 jiǎngjiu 중히 여기다
究竟 jiūjìng 결국, 도대체

528 男 nán 사내 남
남성
丨 冂 冂 円 田 男 男

男子汉 nánzǐhàn (성년) 남자, 사나이, 대장부

田(밭 전)+力(힘 력).

529

奥 ào 깊을 오

(뜻이) 심오하다

深奥 shēn'ào 심오하다
奥林匹克运动会 Àolínpǐkè Yùndònghuì 올림픽대회

주로 외래어에 사용되는 글자입니다. 본래 뜻은 '구부러지다' '깊다'입니다.

530

友 yǒu 벗 우

① 친구 ② 친하다

朋友 péngyou 친구
友谊 yǒuyì 우의, 우정

두 사람이 서로 악수하는 모습을 본뜬 글자입니다.

531

片 piàn 조각 편

(평평하고 얇은) 조각

名片 míngpiàn 명함

사진관

532

象 xiàng 코끼리 상

① 코끼리 ② 형상

象牙 xiàngyá 상아, 코끼리 이빨
现象 xiànxiàng 현상
象征 xiàngzhēng 상징(하다)

533

装 zhuāng
裝 · 차릴 장

① 치장하다 ② 옷차림 ③ 장치하다

装饰品 zhuāngshìpǐn 장식품
装置 zhuāngzhì 설치하다

534

欢 huān
歡 · 기뻐할 환

① 즐겁다 ② 좋아하다

欢乐 huānlè 즐겁다
欢迎 huānyíng 환영하다

535

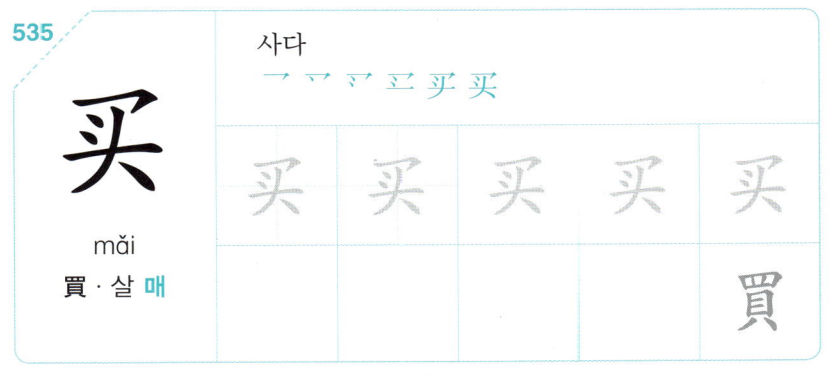

买 mǎi
買 · 살 매

사다

买卖 장사, 매매

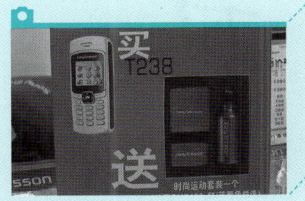

휴대전화 가게

536

刘 liú
劉 · 죽일 류

① (고대의 도끼와 비슷한 무기) ② 죽이다

고대 전투에서 사용되던 도끼 중 하나입니다. 한나라를 통치했던 왕족이 바로 刘씨인데, 중국에서 가장 많은 성씨 중 하나이기도 하지요.

141

537

龙 lóng
龍·용 롱

용
一ナ九龙龙

龍

538

爱 ài
愛·사랑 애

① 사랑하다 ② 아끼다
一 ⺌ ⺌ ⺈ ⺍ ⺤ 爫 ⺥ 爯 爱 爱

愛

539

双 shuāng
雙·쌍 쌍

둘, 쌍
フ 又 双 双

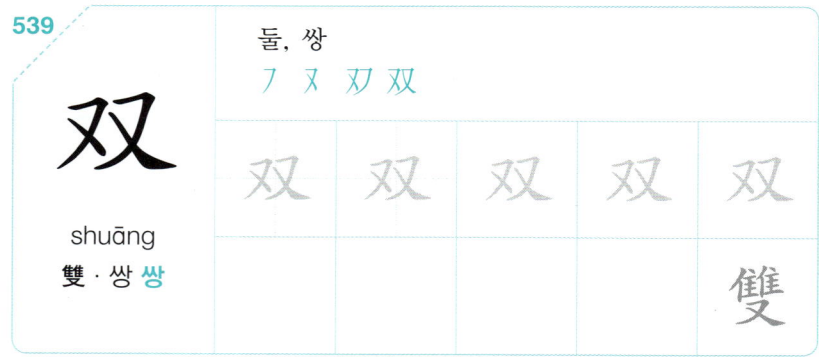

雙

540

护 hù
護·지킬 호

지키다
一 亅 扌 扩 扩 护 护

護

登龙门 dēnglóngmén
등용문. 출세의 길에 오르다

우롱차

爱人 àiren 남편 또는 아내

간체자에 心(마음 심)이 없다며 진실되지 않은 사랑이라 비판을 받은 글자입니다. 여러분의 생각은 어떤가요?

双方 shuāngfāng 쌍방
双手 shuāngshǒu 양손

간체자에는 손을 뜻하는 又(또 우) 두 개, 번체자에는 새를 나타내는 隹(새 추)가 두 개로 '쌍'이 되는 익히기 쉬운 글자입니다.

护士 hùshi 간호사
护照 hùzhào 여권

541

往
wǎng
갈 왕

① 가다 ② ～을/를 향해

往返 wǎngfǎn 왕복하다

길 안내 표지판

542

红
hóng
紅・붉을 홍

붉다

红色 hóngsè 빨간색
口红 kǒuhóng 립스틱

543

编
biān
編・맬 편

① 엮다 ② 편집하다, 만들다

编辑 biānjí 편집(하다), 편집인
编组 biān zǔ 편성하다

오른쪽은 冊(책 책)입니다. 실로 대나무를 엮은 모양을 본뜬 글자입니다.

544

存
cún
있을 존

① 있다, 존재하다 ② 보존하다

存在 cúnzài 존재(하다)
保存 bǎocún 보존하다

545

诉 sù
訴·아뢸 소

① 알리다 ② 고소하다, 고발하다

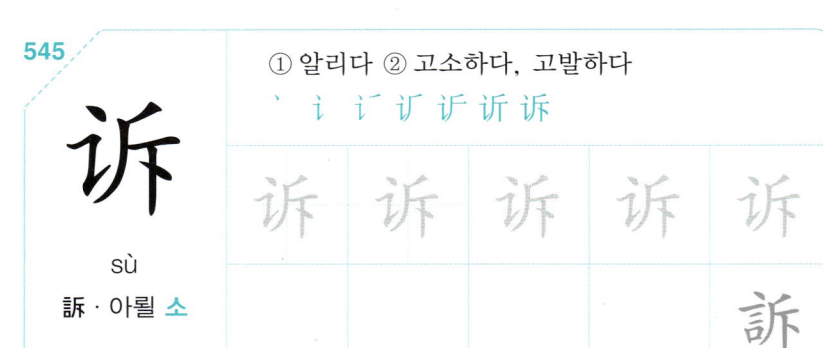

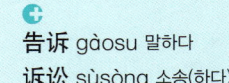
告诉 gàosu 말하다
诉讼 sùsòng 소송(하다)

546

卡 kǎ
음역자 잡

카드

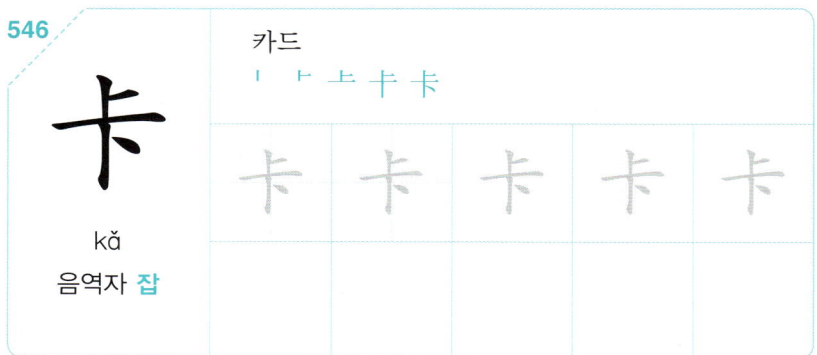

信用卡 xìnyòngkǎ 신용카드

고객의견카드

547

神 shén
귀신 신

① 신, 귀신 ② 신비롭다

神话 shénhuà 신화
神秘 shénmì 신비(하다)

548

功 gōng
공 공

① 공로 ② 성과

功课 gōngkè 학과목
功能 gōngnéng 기능, 작용

13릉 세계문화유산 등록 성공

553

且
qiě
또 차

① 잠깐 ② 게다가

丨 冂 冂 目 且

而且 érqiě
게다가, ~뿐만 아니라

554

极
jí
極 · 다할 극

① 정점 ② 절정에 이르다

一 十 才 木 朾 杨 极

极端 jíduān 극단(적인)

남극

555

介
jiè
낄 개

① 사이에 들다 ② 소개하다

丿 人 介 介

介入 jièrù 개입하다
介绍 jièshào 소개하다

사람이 갑옷을 입고 서 있는 모습을 본뜬 글자입니다.

556

境
jìng
지경 경

① 경계 ② 장소 ③ 형편

一 十 土 扩 圹 圹 培 培 培 境 境

境界 jìngjiè 경계
处境 chǔjìng 처지

비슷한 뜻의 글자로 疆(지경 강)과 界(지경 계)가 있습니다.

557

照 zhào
① 비추다 ② (사진·영화를) 찍다
비출 조

照片 zhàopiàn 사진

사진관

558
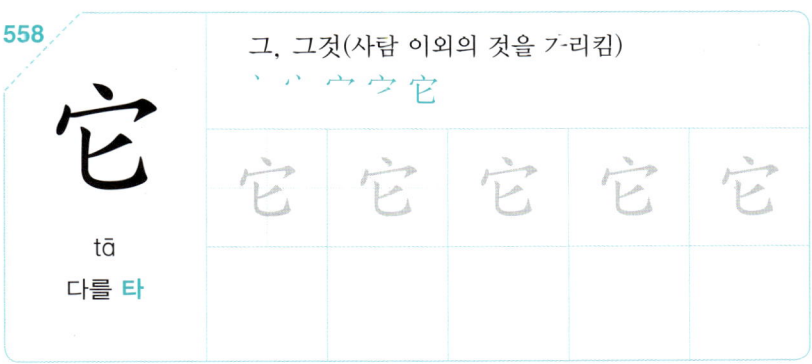
它 tā
그, 그것(사람 이외의 것을 가리킴)
다를 타

중국어의 3인칭 대명사는 5·4운동 이후 영어의 영향을 받아 他(남성), 她(여성), 它(사물·동물) 세 가지로 구분하기 시작했습니다.

559

边 ①biān ②bian
① 가장자리 ② ~쪽
邊·가 변

边界 biānjiè 지역 간의 경계(선)
外边 wàibian 바깥쪽

560

检 jiǎn
검사하다
檢·조사할 검

检修 jiǎnxiū 점검 수리(하다)
检疫 jiǎnyì 검역(하다)

561

陈
chén
陳 · 늘어놓을 진

늘어놓다
了 阝 阝 阵 阵 陈 陈

陈列 chénliè 진열하다, 전시하다

562

列
liè
줄지을 렬

늘어놓다, 배열하다
一 ア 歹 歹 列 列

列车 lièchē 열차

남가촌(南街村) 관광 열차

563

孩
hái
어린아이 해

어린이
一 了 孑 孑 孑 孑 孩 孩 孩

孩子 háizi 아이

중국 사극에 보면 孩儿[hái r]이라는 말이 자주 나오는데, 우리 사극의 '소자'나 '소녀'에 해당하는 말입니다.

564

断
duàn
斷 · 끊을 단

끊다
丶 丶 十 米 米 迷 迷 断 断 断

断绝 duànjué 단절하다
断言 duàn yán 단언(하다)

565

音
yīn
소리 음

음
丶 亠 产 立 产 产 音 音 音

🔊 音乐会 yīnyuèhuì 음악회
音响 yīnxiǎng 음향

💡 목탁을 뒤집어 놓은 모양입니다.

566

织
zhī
織·짤 직

① 방직하다 ② 뜨개질하다 ③ 결합하다
乡 乡 纟 纠 织 织 织

🔊 织物 zhīwù 직물

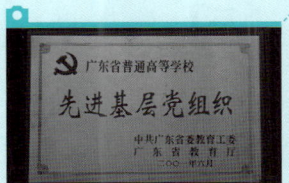

선진 하부당조직

567

访
fǎng
訪·찾을 방

방문하다
讠 讠 讠 讠 访 访

🔊 访问 fǎngwèn 방문하다

💡 言(말씀 언) 때문에 원래 '묻다'라는 뜻이었으나 '방문하다' '조사하다' 등으로 의미가 확장되었습니다.

568

态
tài
態·모양 태

① 모양 ② 태도
一 ナ 大 太 太 态 态 态

🔊 形态 xíngtài 형태
态度 tàidu 태도

💡 太(클 태)의 발음과 心(마음 심)의 뜻으로 이루어진 글자입니다.

149

569

除 chú 덜 제
① 없애다 ② 제외하다

除了 chúle ~을 제외하고는, ~외에 또
除夕 chúxī 섣달 그믐날(밤)

원래 뜻은 '변화하다'였습니다.

570

觉 ①jué ②jiào
覺 · 깨달을 각
깰 교
① 감각/느끼다 ② 수면

觉得 juéde ~라고 느끼다
睡觉 shuì jiào 잠을 자다

코카콜라 광고문구

571

严 yán
嚴 · 엄할 엄
엄하다

严格 yángé 엄격하다

음주운전 금지 표지판

572

策 cè 대쪽 책
계책, 방법

政策 zhèngcè 정책
策划 cèhuà 계획(하다), 계략을 꾸미다

573

阿

ā

호칭 아

(의문문 등에 쓰이는 어기조사)

フ 阝 阝 阿 阿 阿

阿 阿 阿 阿 阿

이 글자는 중국 남방지역에서 이름이나 성 앞에 애칭처럼 붙이는 말로 상용되기도 합니다.

574

积

jī

積·쌓을 적

쌓(이)다

一 二 千 千 禾 禾 积 积 积

积 积 积 积 积

積

累积 lěijī 누적하다
积极 jījí 적극적이다

왼쪽의 禾(벼 화) 때문에 '모으다'라는 의미였는데 후에 '저축하다'로 뜻이 확장되었습니다.

575

航

háng

배 항

① 배 ② 운항하다

' 丁 力 爿 爿 舟 舟 舟 航 航

航 航 航 航 航

航空 hángkōng 항공

'수상에서의 이동'에서 '하늘에서의 이동'으로 뜻이 확장되었습니다.

576

卫

wèi

衛·지킬 위

지키다

フ ア 卫

卫 卫 卫 卫 卫

衛

卫生 wèishēng 위생(적이다)

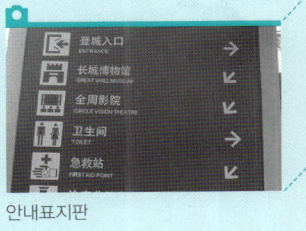

안내표지판

577 载 zài 載·실을 재 — 싣다, 적재하다

- 载体 zàitǐ 캐리어
- 载运 zàiyùn 실어 나르다

578 试 shì 試·시험할 시 — ① 시험하다 ② 시험

- 试试看 shìshi kàn 시험 (삼아) 해 보다
- 口试 kǒushì 구두시험

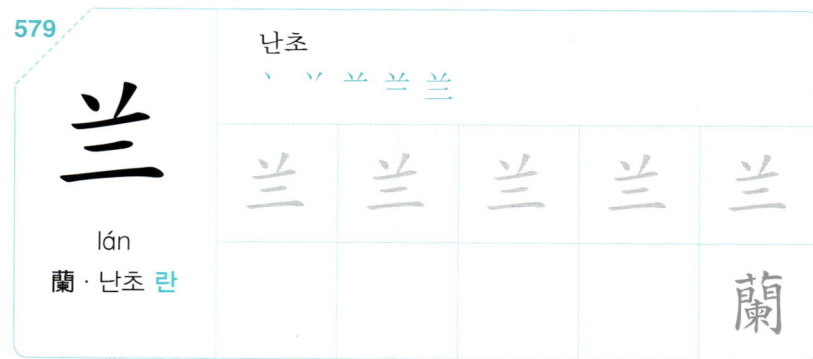

579 兰 lán 蘭·난초 란 — 난초

- 兰花 lánhuā 난초

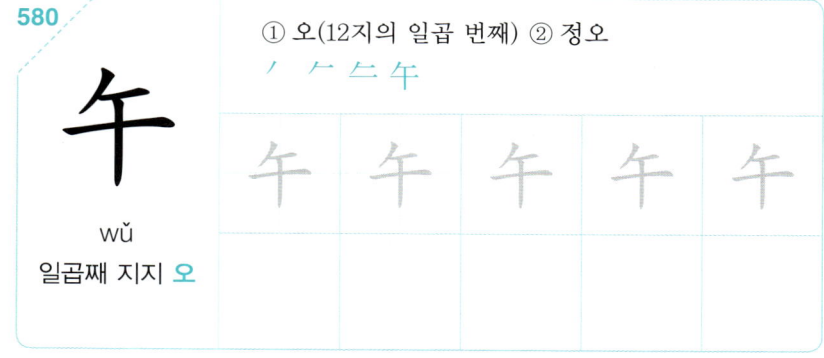

580 午 wǔ 일곱째 지지 오 — ① 오(12지의 일곱 번째) ② 정오

- 中午 zhōngwǔ 정오

标房(A、B)	Standard Rm. A、B	￥400-500
标房(C)	Standard Rm. C	￥280-340
大床房	Budget Rm.	￥450-500

· 以上价目需另加10%服务费。
· 退房时间为中午12时。
· 本酒店接受各主要信用卡。
· 团队入住和长住房价请与销售部联系。

호텔 객실 가격표

581 欧 ōu
欧 · 구라파 구

유럽
一 フ ㄨ ㄨ ㄨ ㄨ 欧 欧

😀 欧洲 Ōuzhōu 유럽

💡 외래어의 음역에 주로 사용되는 글자입니다.

582 够 gòu
많을 구

충분하다
ノ ク 勺 句 句 甸 够 够 够 够 够

😀 足够 zúgòu 충분하다

💡 句(글귀 구)의 발음과 多(많을 다)의 뜻으로 이루어진 글자입니다.

583 楼 lóu
樓 · 다락 루

① 건물 ② 층
一 十 十 木 木 木 杧 杧 柈 柈 楼 楼 楼

😀 楼上 lóushàng 위층
楼梯 lóutī 계단

💡 예전에는 '유흥술집'을 나타내는 글자이기도 했습니다.

584 满 mǎn
滿 · 찰 만

① 가득하다 ② 만족하다
ヽ ヽ ㇀ 氵 汁 汁 浐 浐 泮 满 满 满

😀 客满 kèmǎn 손님이 가득하다, 만원(滿員)이다
满意 mǎnyì 만족하다

153

585

希 xī 바랄 희

① 희망하다 ② 드물다

丿ㄨㄨ产产产希希

希望 xīwàng 희망(하다)
希罕 xīhan 희한하다

586

食 shí 먹을 식

먹다, 음식

丿人人今今今食食食

食品 shípǐn 식품

식당 간판

587

志 zhì 뜻 지

뜻, 의지

一十士志志志志

立志 lì zhì 뜻을 세우다
志气 zhìqì 패기, 기개

선비(士)의 마음(心)처럼 꿈을 가지세요. 꿈은 클수록 좋습니다.

588

请 qǐng 请·청할 청

① 요청하다 ② (부탁하거나 권유할 때 쓰는 경어)

丶讠讠讠请请请请请

请假 qǐng jià 휴가를 받다
请问 qǐngwèn 잠깐 여쭙겠습니다

중국에서 말이 통하지 않을 땐 손짓 발짓과 함께 이 글자만 외치면 된답니다.

589

冠

①guān ②guàn
갓, 갓 쓸 관

① 관/모자 ② 모자를 쓰다/일등(하다)

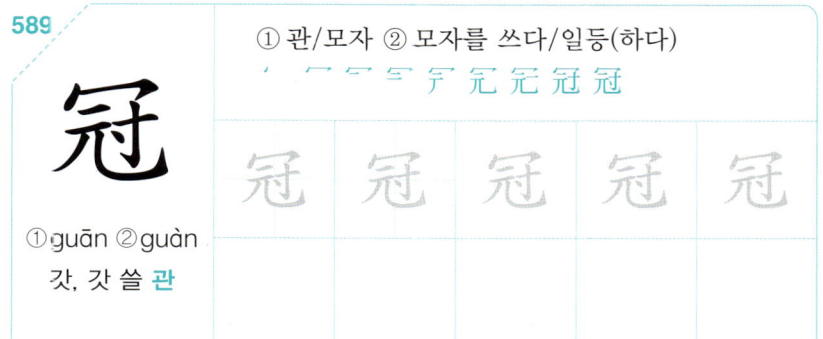

冠带 guāndài 관과 띠, 지식인
冠军 guànjūn 우승, 1등

590

届

jiè
届 · 다다를 계

① (때에) 이르다 ② 회, 기

届时 jièshí 그때가 되다
第三届 dì sān jiè 제3회

591

钱

qián
錢 · 돈 전

돈

钱财 qiáncái 금전, 재화

TV 드라마 '돈왕' 포스터

592

阳

yáng
陽 · 양기 양

① 양(역학상의 원리) ② 태양

阳光 yángguāng 햇빛

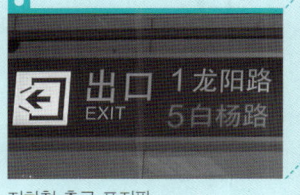

지하철 출구 표지판

593

店
diàn
전방 **점**

가게

594

围
wéi
圍 · 에울 **위**

① 둘러싸다 ② 둘레

595

娱
yú
즐거워할 **오**

① 즐겁게 하다 ② 오락

596

某
mǒu
아무 **모**

어느, 아무, 모

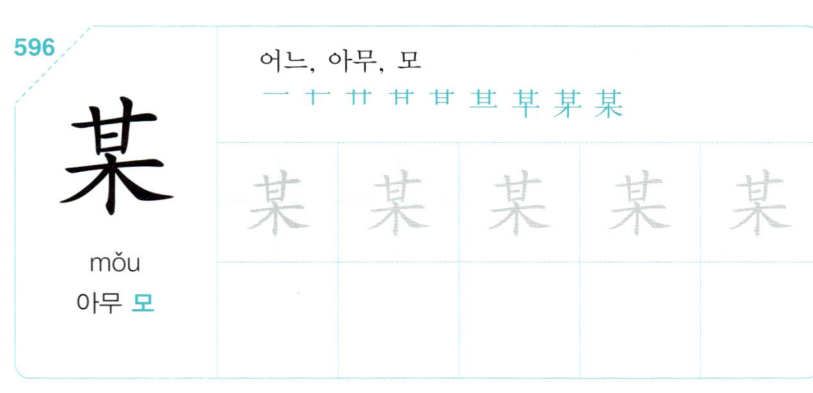

商店 shāngdiàn 상점

이발관

包围 bāowéi 포위하다
围棋 wéiqí 바둑

娱乐 yúlè 오락, 즐거움

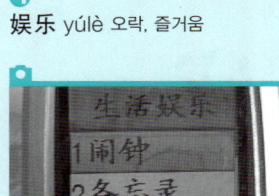

휴대전화 메뉴

某人 mǒurén 아무개, 어떤 사람
某种 mǒuzhǒng 어떤 종류(의)

원래 나무 위의 신맛 나는 열매를 의미하던 글자입니다.

597

审
shěn
審 · 살필 심

심사하다
丶丷宀宁宑宙审

598

范
fàn
範 · 법 범

① 모형 ② 본보기
一艹艹艹艹范范

599

层
céng
層 · 층집 층

층, 일면
フコ尸尸尸层层

600

铁
tiě
鐵 · 쇠 철

철
丿丨卜卢钅钅钅钅铗铁

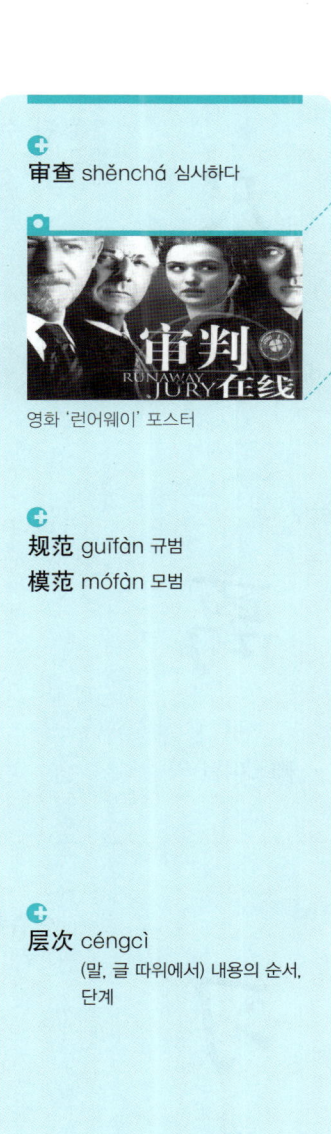

审查 shěnchá 심사하다

영화 '런어웨이' 포스터

规范 guīfàn 규범
模范 mófàn 모범

层次 céngcì
(말, 글 따위에서) 내용의 순서, 단계

地铁 dìtiě 지하철
铁道 tiědào 철도

601

尽
① jǐn ② jìn
儘, 盡 · 다할 진

① 될 수 있는 대로 ~하다 ② 다하다
一 コ 尸 尺 尽 尽

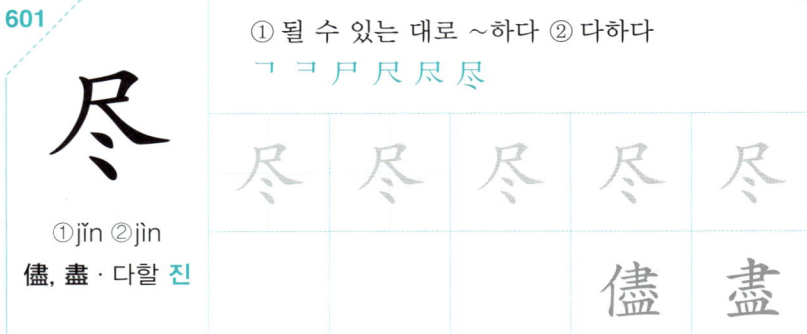

尽快 jǐnkuài 되도록 빨리
尽力 jìn lì 힘을 다하다

제3성일 때의 번체자는 儘, 제4성일 때의 번체자는 盡입니다.

602

离
lí
離 · 떠날 리

① 떠나다, 헤어지다 ② ~로부터
丶 亠 产 文 离 离 离 离

离开 líkāi 떠나다
离婚 lí hūn 이혼하다

离와 梨[lí 배]의 발음이 같아서 중국에는 배를 나눠먹으면 헤어진다는 속설이 있다고 합니다.

603

习
xí
習 · 익힐 습

① 연습하다 ② 습관
フ 刁 习

学习 xuéxí 학습(하다)
习惯 xíguàn 습관

번체자 아랫부분의 白는 自(스스로 자)가 변한 것입니다. 어린 새가 날개(羽)를 퍼덕거려 스스로(自) 나는 연습을 하는 것에서 '익히다'를 뜻하게 되었답니다.

604

担
① dān ② dàn
擔 · 멜, 짐 담

① 메다, (책임 등을) 맡다 ② 짐, 책임
一 十 扌 扌 扫 担 担 担

担心 dān xīn 걱정하다
担子 dànzi 짐, 부담

605

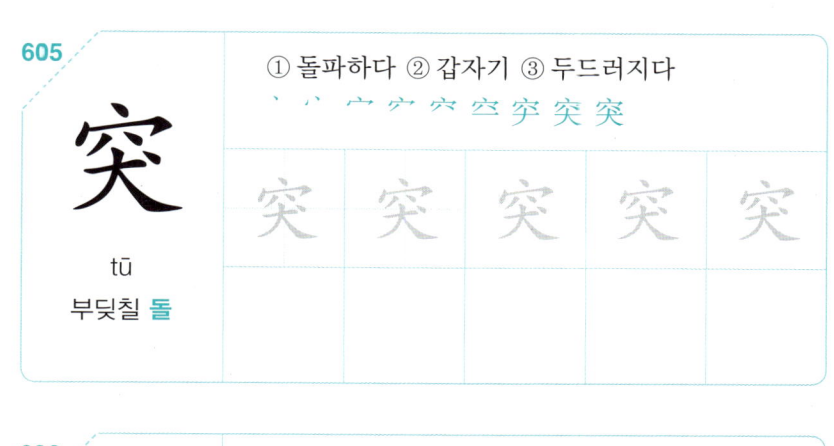

突 tū
부딪칠 **돌**

① 돌파하다 ② 갑자기 ③ 두드러지다

突然 tūrán 갑작스럽다, 갑자기
突出 tūchū 돌출하다, 뛰어나다

穴(움 혈)+犬(개 견). 구멍에서 개가 갑자기 튀어나오는 것으로부터 만들어진 글자입니다.

606

飞 fēi
飛 · 날 **비**

날다

飞机 fēijī 비행기

새가 날아가는 모습을 본뜬 글자입니다.

607

验 yàn
驗 · 시험 **험**

조사하다, 검사하다

考验 kǎoyàn 시험(하다)
验证 yànzhèng 검증하다

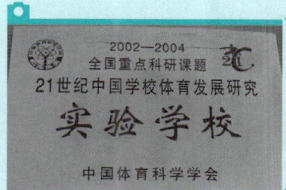

실험학교

608

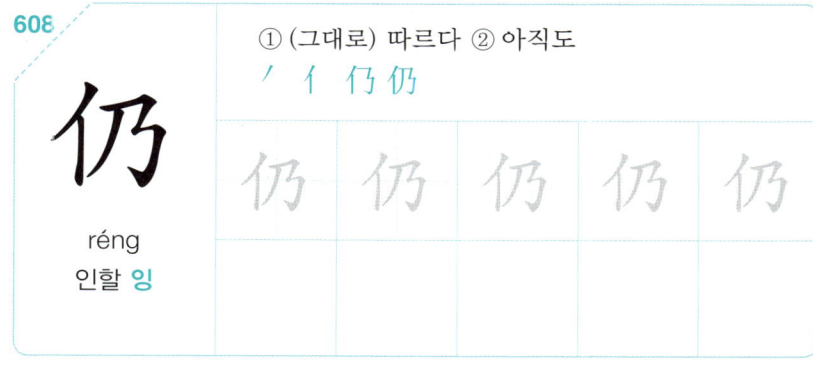

仍 réng
인할 **잉**

① (그대로) 따르다 ② 아직도

仍旧 réngjiù 옛것을 따르다
仍然 réngrán 변함없이, 여전히

609

语

yǔ

語 · 말할 어

말
丶 讠 讠 讱 诏 语 语 语

语言 yǔyán 언어

고대에 语와 言은 약간의 차이가 있었습니다. 语는 '상대의 물음에 대한 대답', 言은 '먼저 대화를 이끌어가다'라는 뜻이었습니다.

610

纪

jì

紀 · 법 기

① 기율 ② 기록하다
ㄥ 纟 纟 纪 纪 纪

纪律 jìlǜ 규율
纪念 jìniàn 기념하다

611

干

①gān ②gàn

乾 · 방패 간, 마를 건
幹 · 줄기 간

① 건조하다/텅 비다 ② 담당하다/~하다
一 二 干

干燥 gānzào 건조하다
干什么? gànshénme 무엇을 하는가?, 어째서

612

亲

qīn

親 · 친할 친

① 부모 ② 가깝다
丶 亠 亠 立 辛 辛 亲 亲

母亲 mǔqīn 어머니
亲切 qīnqiè 친근하다

아랫부분은 木(나무 목)이 아닙니다. 양쪽 획이 위의 가로획과 떨어져 있지요. 유의하세요.

613

艺
yì
藝 · 재주 예

① 기술 ② 예술
一 十 艹 艺

艺人 yìrén 연예인
艺术 yìshù 예술

사람이 두 손으로 나무를 심는 모습을 본뜬 글자입니다. 과거에는 식물을 심는 것이 상당히 중요한 생활의 '기술'이었지요.

614

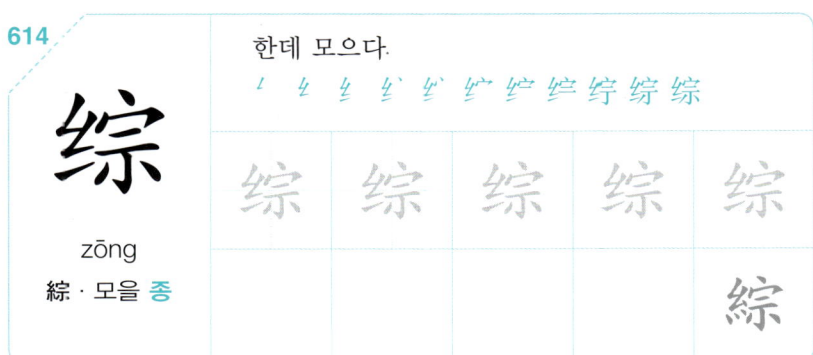

综
zōng
綜 · 모을 종

한데 모으다.
丿 乡 乡 纟 纟 纩 纩 绐 综 综

综合 zōnghé 종합(하다)

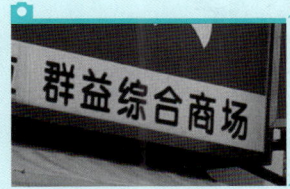

상점 간판

615

轻
qīng
輕 · 가벼울 경

가볍다
一 土 土 车 轻 轻 轻 轻

轻声 qīngshēng
　　경성(중국어의 성조 중 하나)
轻松 qīngsōng
　　수월하다, 가볍다

616

另
lìng
딴 령

① 다른 ② 따로
丨 口 口 呈 另

另外 lìngwài 별도의, 그 밖에

또 다른 세계

617

宝 bǎo
寶 · 보배 보

① 진귀한 것 ② 귀중한
丶丶宀宀宀宇宝宝

- 宝贝 bǎobèi 보배
- 宝贵 bǎoguì 귀중하다, 소중히 하다

갓머리 안에 玉(구슬 옥)이 있으니 당연히 값비싼 보석이겠지요?

618

虽 suī
雖 · 비록 수

비록 ~이지만
丨口口口口吊吊虽虽

- 虽然 suīrán 비록 ~이지만

619

兴 ①xīng ②xìng
興 · 일, 기뻐할 흥

① 성행하다 ② 흥미, 재미
丶丶丷丷兴兴

- 复兴 fùxīng 부흥(하다)
- 高兴 gāoxìng 기쁘다
- 兴趣 xìngqù 흥미, 취미

네 개의 손이 하나의 물건을 쥐고 있는 모습을 본뜬 글자입니다.

620

岁 suì
歲 · 해 세

① 세월 ② 세(나이)
丨山屵岁岁岁

- 岁月 suìyuè 세월
- 年岁 niánsuì 연령, 연대

천안문 광장

621

识
shí
識·알 식

① 알다 ② 식견

`丶 讠 订 识 识 识 识`

622

盘
pán
盤·소반 반

큰 접시

`丿 丿 凡 凡 舟 舟 舟 舟 舟 盘 盘`

623

切
qiè
절박할 절

① 절실하다 ② 모두

`一 七 切 切`

624

轮
lún
輪·바퀴 륜

바퀴

`一 十 土 车 车 轮 轮 轮`

识别 shíbié 식별하다, 가려내다

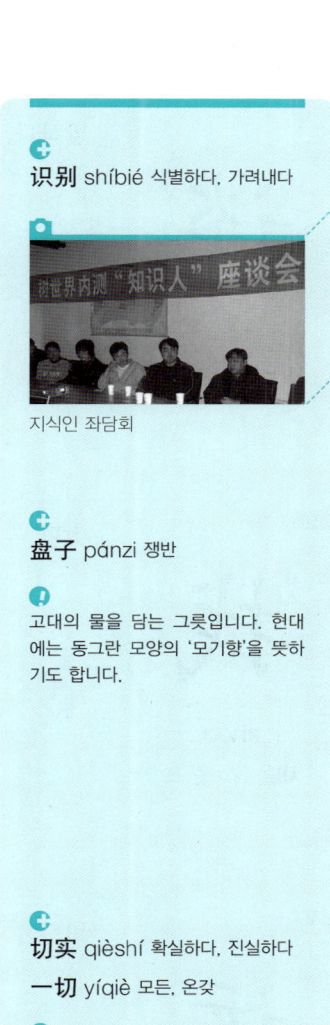

지식인 좌담회

盘子 pánzi 쟁반

고대의 물을 담는 그릇입니다. 현대에는 동그란 모양의 '모기향'을 뜻하기도 합니다.

切实 qièshí 확실하다, 진실하다
一切 yíqiè 모든, 온갖

七(일곱 칠)+刀(칼 도).

轮胎 lúntāi 타이어
轮椅 lúnyǐ 휠체어

625

谈 tán
談 · 이야기 **담**

말하다, 이야기하다

丶 亠 讠 讠 讱 谄 谈 谈

谈话 tán huà 이야기하다

무거운 주제에 대해 논리적인 이야기를 하는 것이 아니라 평상시 나누는 대화의 성격이 강합니다.

626

找 zhǎo
채울, 찾을 **조**

찾다

一 十 扌 扌 扐 找 找

找人 zhǎo rén 사람을 찾다

안내데스크 이용 항목

627

远 yuǎn
遠 · 멀 **원**

멀다

一 二 テ 元 沅 远 远

远近 yuǎnjìn 원근, 먼 곳과 가까운 곳

공간상의 거리뿐만 아니라 시간상의 거리에도 사용합니다.

628

纳 nà
納 · 들일 **납**

넣다, 들이다

乙 纟 纟 纟 纠 纳 纳

出纳 chūnà 출납(하다)

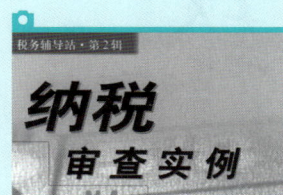

납세 조사 실례

629

页
yè
頁·쪽 엽

쪽, 페이지
一 丆 开 兀 页 页

页数 yèshù 쪽수, 페이지 수

머리와 관련된 글자의 부수로 많이 쓰이는 글자입니다. 额[é 이마], 颜[yán 얼굴], 颈[jǐng 목] 등.

630

状
zhuàng
狀·모양 상

① 상태 ② 형세
丶 丬 丬 丬 状 状 状

状况 zhuàngkuàng 상황, 형편
状态 zhuàngtài 상태

631

降
jiàng
내릴 강

떨어지다, 내리다
了 阝 阝 阝 陉 隆 降 降

降价 jiàngjià 값을 내리다
降低 jiàngdī 낮추다

왼쪽 부분은 산비탈을, 오른쪽 부분은 비탈길을 내려오는 모습을 본뜬 글자입니다.

632

讲
jiǎng
講·이야기할 강

말하다
丶 讠 讠 讠 讲 讲

讲话 jiǎng huà 이야기하다

과거에는 '화해'를 뜻했으나 후에 전쟁을 끝내려는 쌍방이 '담판을 짓다'로 그 뜻이 확장되었습니다. 협상을 하려면 '말'을 해야지요?

633

写 xiě
寫 · 베낄 사

글씨를 쓰다

丶 冖 宀 写 写

写信 xiě xìn 편지를 쓰다
写作 xiězuò 글을 짓다

번체자에서는 윗부분이 갓머리지만 간체자에서는 아닙니다.

634

犯 fàn
범할 범

(법·규칙 등에) 저촉되다

丿 犭 犭 犭 犯

犯罪 fàn zuì 죄를 범하다, 범죄

635

训 xùn
訓 · 가르칠 훈

① 타이르다 ② 훈련하다

丶 讠 训 训 训

训练 xùnliàn 훈련(하다)

컴퓨터 학원 광고판

636

伤 shāng
傷 · 다칠 상

① 상처 ② 해롭다

丿 亻 仁 仁 仵 伤

伤口 shāngkǒu 상처
伤害 shānghài 손상시키다, 해치다

637

宁 ①níng ②nìng
寧 · 편안할, 차라리 녕

① 편안하다 ② 차라리 (~하는 것이 낫다)

宁日 níngrì 편안한 나날
宁可 nìngkě
　　차라리 (~하는 것이 낫다)

638

群 qún
무리 군

① 무리 ② 군중

人群 rénqún 군중
群众 qúnzhòng 군중, 민중

양이 늘 무리지어 같이 다니는 것에서 나온 글자입니다.

639

紧 jǐn
緊 · 견고할 긴

① 팽팽하다 ② 단단하다

紧张 jǐnzhāng 긴장하다
紧紧 jǐnjǐn 바짝, 단단히

640

绍 shào
紹 · 이을 소

① 이어받다 ② 소개(하다)

绍兴酒 Shàoxīngjiǔ
　　소흥주(중국 명주 중의 하나)

TV드라마 포스터

641

厂 chǎng
廠 · 헛간 **창**

공장
一厂

厂长 chǎngzhǎng 공장장

공장 안에 아무 것도 없다며 번체자를 쓰는 대만에서 비웃었던 글자입니다.

廠

642

继 jì
繼 · 이을 **계**

① 지속하다 ② 이어서
ㄥ ㄠ ㄠ ㄠ ㄠ" 丝 丝 继 继

继承 jìchéng 계승하다
继母 jìmǔ 계모

번체자를 보면 온통 실뿐이지요. 이 실들을 잇는다고 생각하면 됩니다.

繼

643

钟 zhōng
鐘 · 종 **종**
鍾 · 술잔 **종**

① 종 ② 시계 ③ 집중하다
丿 ㄣ ㄠ 钅 钅 钟 钟 钟 钟

钟表 zhōngbiǎo 시계의 총칭
一见钟情 yí jiàn zhōng qíng
첫 눈에 반하다

鐘 鍾

644

绩 jì
績 · 길쌈 **적**

① (실을) 잣다 ② 공적
ㄥ ㄠ ㄠ ㄠ 纟 纩 绩 绩 绩 绩

成绩 chéngjì 성적

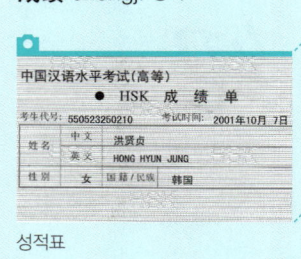

성적표

績

645 苏 sū
蘇 · 차조기 소
회생하다

苏州 Sūzhōu 쑤저우
苏联 Sūlián 구소련

646 密 mì
빽빽할 밀
① 가깝다(거리, 시간) ② 가깝다(관계)

密封 mìfēng 밀봉하다
密切 mìqiè (관계가) 밀접하다

647 适 shì
適 · 맞을 적
알맞다

适合 shìhé 적합하다
适当 shìdāng 적당하다

648 压 yā
壓 · 누를 압
압력을 가하다

压力 yālì 스트레스

고혈압 식이요법

649 庆 qìng 慶·경사 경 — 축하하다

庆祝 qìngzhù 경축하다

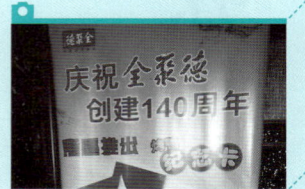

취엔쥐더 창립 140주년

650 伊 yī 어조사 이 — (음역에 사용)

伊拉克 Yīlākè 이라크
伊斯兰 Yīsīlán 이슬람

651 录 lù 錄·적을 록 — ① 기록하다 ② 녹음(녹화)하다

登录 dēnglù 등록(하다)
录音 lùyīn 녹음(하다)

652 云 yún 雲·구름 운 — 구름

多云 duōyún 구름이 많다

구름이 움직이는 모습을 본뜬 글자입니다.

653

劳 láo
勞 · 수고할 로

① 일(하다) ② 수고를 끼치다

一 十 艹 艹 芦 芢 劳

勞

- 劳动 láodòng 일(하다)
- 劳资 láozī 노동자와 자본가

力(힘 력)이 있으니 힘내서 '일하다'라는 뜻이지요.

654

韩 Hán
韓 · 나라 이름 한

한국

一 十 十 古 古 古 直 卓 車 軋 韩

韓

- 韩国 Hánguó 한국

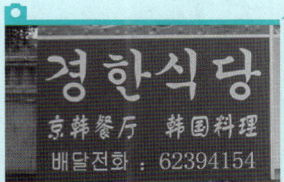

중국 내 한국식당

655

独 dú
獨 · 홀로 독

한 사람, 혼자

丿 犭 犭 犭 犭 犭 独 独 独

獨

- 独立 dúlì 독립(하다)
- 独自 dúzì 단독으로, 혼자서

656

戏 xì
戲 · 놀 희

① 놀이 ② 연극

フ ヌ ヌ 戏 戏 戏

戲

- 游戏 yóuxì 레크리에이션
- 戏剧 xìjù 연극

171

657 卖 mài
賣 · 팔 매

팔다
一 十 士 吉 声 卖 卖 卖

賣

卖方 màifāng 파는 사람

건강식품 판매점

658 辆 liàng
輛 · 수레 량

대(차량을 셀 때 쓰는 양사)
一 十 车 车 车 轫 轫 轫 辆 辆

輛

一辆车 yí liàng chē 차 한 대

659 疗 liáo
療 · 고칠 료

(병을) 고치다
丶 亠 广 广 疒 疒 疗

療

医疗 yīliáo 의료
疗养 liáoyǎng 요양(하다)

660 吃 chī
말 더듬을, 먹을 흘

먹다
丨 冂 口 口' 吃 吃

吃饭 chī fàn 밥을 먹다
吃药 chī yào 약을 먹다

661
药 yào
藥 · 약물 **약**

약
一 十 艹 艾 芍 芍 药 药

药方 yàofāng 처방
药品 yàopǐn 약품

662
听 tīng
聽 · 들을 **청**

듣다
丨 口 口 叮 听 听

听取 tīngqǔ 청취하다

번체자에 耳(귀 이)가 있지요?

663
冲 ①chōng ②chòng
冲, 衝 · 빌, 부딪칠 **충**

① 돌진하다 ② 맹렬하다/향하다
丶 冫 冫 冲 冲

冲击 chōngjī
충돌하다, 충격, 쇼크

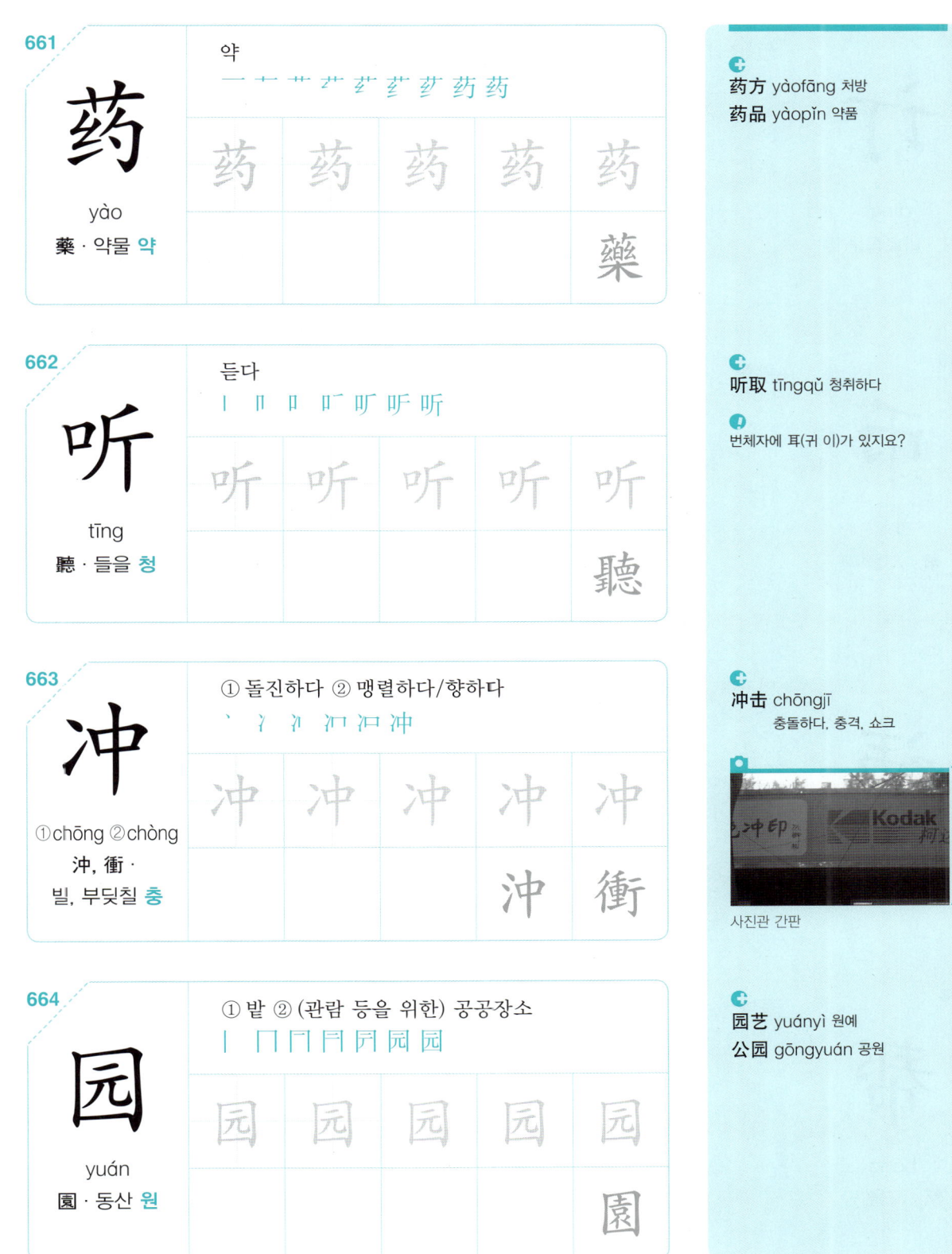

사진관 간판

664
园 yuán
園 · 동산 **원**

① 밭 ② (관람 등을 위한) 공공장소
丨 冂 冂 冃 园 园 园

园艺 yuányì 원예
公园 gōngyuán 공원

665

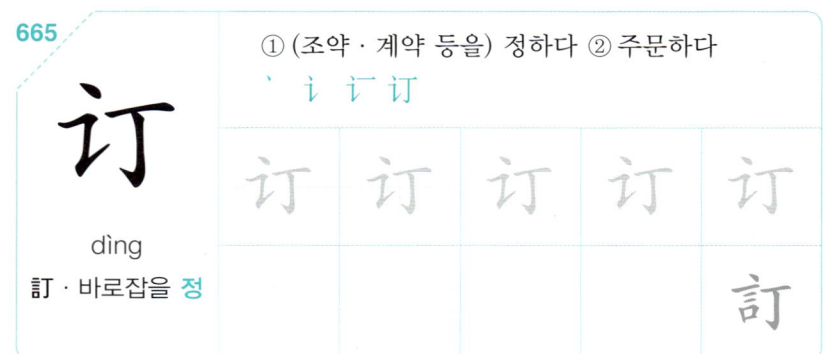

订 dìng
訂 · 바로잡을 정

① (조약·계약 등을) 정하다 ② 주문하다

订货 dìng huò 물건을 주문하다

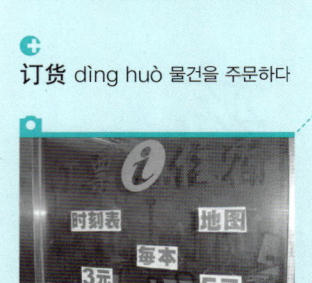

인포메이션(표 예약)

666

币 bì
幣 · 재물 폐

화폐

人民币 rénmínbì
인민폐(중국돈)

공항건설비카드 가격

667

违 wéi
違 · 어길 위

어기다, 위반하다

违反 wéifǎn 위반하다
违命 wéimìng 명령을 어기다

668

帮 bāng
幫 · 도울 방

돕다

帮忙 bāng máng 돕다

안 좋은 의미의 '무리'나 '조직'을 뜻하기도 합니다.

词汇表

A

阿 ā	151
爱·愛 ài	142
安 ān	53
案 àn	82
奥 ào	140

B

巴 bā	121
把 bǎ	94
百 bǎi	131
版 bǎn	47
办·辦 bàn	91
半 bàn	124
帮·幫 bāng	174
包·報 bāo	124
宝·寶 bǎo	162
保 bǎo	49
报·報 bào	13
本 běn	19
北 běi	48
备·備 bèi	122
被 bèi	50
比 bǐ	30
币·幣 bì	174
必 bì	138
边·邊 biān, bian	147
编·編 biān	143
变·變 biàn	102
标·標 biāo	87
表·錶 biǎo	37
别 bié	86
并·併 bìng	53
病 bìng	126
不 bù	10
布 bù	88
步 bù	108
部 bù	21

C

才·纔 cái	103
财·財 cái	99
采·採 cǎi	119
参·參 cān	83
策 cè	150
层·層 céng	157
曾 céng, zēng	145
查 chá	69
产·産 chǎn	29
长·長 cháng, zhǎng	33
常 cháng	67
厂·廠 chǎng	168
场·場 chǎng	18
超 chāo	104
车·車 chē	26
陈·陣 chén	148
称·稱 chēng	116
成 chéng	17
城 chéng	61
程 chéng	82
吃 chī	172
持 chí	72
冲·沖,衝 chōng, chòng	173
出 chū	13
除 chú	150
处·處 chǔ, chù	75
传·傳 chuán, zhuàn	99
创 chuāng, chuàng	112
此 cǐ	42
次 cì	39
从·從 cóng	42
村 cūn	139
存 cún	143

D

达·達 dá	69
打 dǎ	63
大 dà	10
代 dài	61
带·帶 dài	110
单·單 dān	96
担·擔 dān, dàn	158
但 dàn	38
当·當 dāng	38
党·黨 dǎng	120
导·導 dǎo	82
到 dào	13
道 dào	46

得 dé, de	23	
德 dé	80	
的 de, dí, dì	8	
等 děng	40	
低 dī	120	
地 dì	17	
第 dì	36	
点·點 diǎn	39	
电·電 diàn	35	
店 diàn	156	
调·調 diào, tiáo	64	
订·訂 dìng	174	
定 dìng	32	
东 dōng	52	
动·動 dòng	26	
都 dōu	29	
独·獨 dú	171	
度 dù	46	
段 duàn	128	
断·斷 duàn	148	
队·隊 duì	28	
对·對 duì	14	
多 duō	19	

E

儿 ér·兒 ér	108
而 ér	28
尔·爾 ěr	70
二 èr	78

F

发·發 fā, fà	14
法 fǎ	23
反 fǎn	98
犯 fàn	166
范·範 fàn	157
方 fāng	22
防 fáng	124
房 fáng	90
访·訪 fǎng	149
放 fàng	99
飞·飛 fēi	159
非 fēi	91
费·費 fèi	62
分 fēn	20
份 fèn	121
风·風 fēng	92
服 fú	88
府 fǔ	103
负·負 fù	136
复·複,復 fù	131

G

该·該 gāi	76
改 gǎi	78
干·乾,幹 gān, gàn	160
感 gǎn	83
港 gǎng	130
高 gāo	25
告 gào	79
格 gé	67
各 gè	73
个·個 ge	12
给·給 gěi	73
根 gēn	129
更 gēng, gèng	59
工 gōng	25
功 gōng	144
公 gōng	17
供 gōng, gòng	119
共 gòng	91
构·構 gòu	127
购·購 gòu	134
够 gòu	153
股 gǔ	47
规·規 guī	66
关·關 guān	27
观·觀 guān	87
冠 guān, guàn	155
管 guǎn	57
光 guāng	123
广·廣 guǎng	42
国·國 guó	9
果 guǒ	68
过 guò, guo	24

H

还·還 hái, huán	32
孩 hái	148

海 hǎi	52	
韩·韓 Hán	171	
航 háng	151	
好 hǎo	43	
号·號 hào	109	
和 hé	11	
合 hé	35	
何 hé	109	
很 hěn	51	
红·紅 hóng	143	
后·後 hòu	18	
候 hòu	136	
户 hù	123	
护·護 hù	142	
花 huā	132	
华·華 huá	59	
划·劃 huá, huà	128	
化 huà	47	
话·話 huà	90	
欢·歡 huān	141	
环·環 huán	107	
回 huí	78	
会·會 huì	12	
活 huó	62	
火 huǒ	130	
或 huò	100	
获·獲 huò	106	

J

几·幾 jī, jǐ	97	
机·機 jī	33	
击·擊 jī	125	
积·積 jī	151	
基 jī	65	
及 jí	60	
极 jí	146	
级·級 jí	100	
即·卽 jí	135	
集 jí	70	
己 jǐ	77	
计·計 jì	70	
记·記 jì	34	
纪 jì	160	
济·濟 jì	94	
技 jì	94	
际·際 jì	76	
绩·績 jì	168	
继·繼 jì	168	
家 jiā	17	
加 jiā	32	
价·價 jià	37	
间·間 jiān	48	
监·監 jiān	128	
检·檢 jiǎn	147	
见·見 jiàn	110	
件 jiàn	84	
建 jiàn	43	
健 jiàn	137	
江 jiāng	121	
将·將 jiāng	23	
讲·講 jiǎng	165	
奖·奬 jiǎng	112	

降 jiàng	165	
交 jiāo	57	
教 jiāo, jiào	59	
较·較 jiào	114	
接 jiē	74	
节·節 jié	85	
结·結 jié	80	
解 jiě	64	
介 jiè	146	
届·屆 jiè	155	
界 jiè	77	
今 jīn	27	
金 jīn	40	
仅·僅 jǐn	126	
尽·儘,盡 jǐn, jìn	158	
紧·緊 jǐn	167	
进·進 jìn	21	
近 jìn	81	
经·經 jīng	16	
京 jīng	46	
精 jīng	127	
警 jǐng	111	
境 jìng	146	
究 jiū	139	
就 jiù	20	
居 jū	136	
局 jú	74	
举·擧 jǔ	114	
具 jù	116	
据·據 jù	56	
决 jué	79	
觉·覺 jué, jiào	150	

军·軍 jūn	74	

K

卡 kǎ	144
开·開 kāi	24
考 kǎo	106
看 kàn	43
科 kē	74
可 kě	22
克 kè	89
客 kè	104
空 kōng, kòng	102
控 kòng	145
口 kǒu	86
快 kuài	118
款 kuǎn	123
况·況 kuàng	110

L

拉 lā	92
来·來 lái	15
兰·蘭 lán	152
劳·勞 láo	171
老 lǎo	73
乐·樂 lè, yuè	73
了 le	9
类·類 lèi	133
离·離 lí	158

李 lǐ	101
里·裏 lǐ, li	47
理 lǐ	28
力 lì	29
历·歷,曆 lì	137
立 lì	75
利 lì	41
连·連 lián	97
联·聯 lián	58
练·練 liàn	135
量 liáng, liàng	67
两·兩 liǎng	44
辆·輛 liàng	172
疗·療 liáo	172
列 liè	148
林 lín	125
领·領 lǐng	93
另 lìng	161
刘·劉 liú	141
流 liú	84
龙·龍 lóng	142
楼·樓 lóu	153
录·錄 lù	170
路 lù	69
轮·輪 lún	163
论·論 lùn	79
罗·羅 luó	117
律 lǜ	126
率 lǜ, shuài	118

M

马·馬 mǎ	88
买·買 mǎi	141
卖·賣 mài	172
满·滿 mǎn	153
么·麽 me	71
没 méi	45
每 měi	91
美 měi	36
门·門 mén	57
们·們 men	18
米 mǐ	105
密 mì	169
面 miàn	31
民 mín	25
名 míng	36
明 míng	38
某 mǒu	156
目 mù	40

N

那 nà	75
纳·納 nà	164
男 nán	139
南 nán	66
难·難 nán, nàn	101
内 nèi	35
能 néng	19
你 nǐ	87

年 nián	10	且 qiě	146	容 róng	115
宁·寧 níng, nìng	167	切 qiè	163	如 rú	46
农·農 nóng	127	亲·親 qīn	160	入 rù	50
女 nǚ	70	青 qīng	133		
		清 qīng	128		

O

欧·歐 ōu	153

P

排 pái	122
牌 pái	118
盘·盤 pán	163
片 piàn	140
票 piào	130
品 pǐn	45
平 píng	54
评·評 píng	84

Q

期 qī	49
其 qí	37
企 qǐ	72
起 qǐ	50
气·氣 qì	96
汽 qì	116
前 qián	21
钱·錢 qián	155
强 qiáng	60

轻·輕 qīng	161
情 qíng	45
请·請 qǐng	154
庆·慶 qìng	170
求 qiú	85
球 qiú	31
区·區 qū	31
取 qǔ	89
去 qù	58
全 quán	22
权·權 quán	58
券 quàn	131
却 què	145
确·確 què	109
群 qún	167

R

然 rán	49
让·讓 ràng	83
热·熱 rè	102
人 rén	10
认·認 rèn	68
任 rèn	65
仍 réng	159
日 rì	12

S

赛·塞 sài	28
三 sān	49
色 sè	115
山 shān	89
伤·傷 shāng	166
商 shāng	56
上 shàng	11
少 shǎo	81
绍·紹 shào	167
设·設 shè	63
社 shè	53
身 shēn	80
深 shēn	37
什 shén	111
神 shén	144
审·審 shěn	157
升·昇 shēng	145
生 shēng	16
声·聲 shēng	134
省 shěng, xǐng	102
胜·勝 shèng	134
失 shī	125
师·師 shī	109
施 shī	118
十 shí	83
识·識 shí	162

时·時 shí	12	速 sù	131	推 tuī	100
实·實 shí	30	虽·雖 suī	162		
食 shí	154	随·隨 suí	138		
使 shǐ	82	岁·歲 suì	162	**W**	
始 shǐ	105	所 suǒ	30		
士 shì	103			外 wài	40
世 shì	69			完 wán	103
市 shì	15	**T**		晚 wǎn	132
示 shì	68			万·萬 wàn	56
式 shì	75	他 tā	16	王 wáng	98
试·試 shì	152	她 tā	95	网 wǎng	50
事 shì	32	它 tā	147	往 wǎng	143
势·勢 shì	111	台·臺 tái	71	望 wàng	110
视·視 shì	86	太 tài	127	为 wéi, wèi	11
是 shì	8	态·態 tài	149	违·違 wéi	174
适·適 shì	169	谈·談 tán	164	围·圍 wéi	156
收 shōu	72	特 tè	39	维·維 wéi	135
手 shǒu	44	提 tí	51	委 wěi	92
首 shǒu	71	题·題 tí	52	卫·衛 wèi	151
受 shòu	63	体·體 tǐ	29	未 wèi	95
售 shòu	135	天 tiān	26	位 wèi	45
书·書 shū	97	条·條 tiáo	104	文 wén	42
数·數 shǔ, shù	68	铁·鐵 tiě	157	闻·聞 wén	44
术·術 shù	90	听·聽 tīng	173	问·問 wèn	51
双·雙 shuāng	142	通 tōng	38	我 wǒ	14
水 shuǐ	60	同 tóng	33	无·無 wú	61
说·說 shuō	24	统·統 tǒng	95	午 wǔ	152
司 sī	39	头·頭 tóu	88	五 wǔ	125
斯 sī	57	投 tóu	65	物 wù	72
四 sì	93	突 tū	159	务·務 wù	48
苏·蘇 sū	169	图·圖 tú	119		
诉·訴 sù	144	团·團 tuán	77		

181

X

西 xī		60
希 xī		154
息 xī		96
习·習 xí		158
戏·戲 xì		171
系·繫 xì, jì		66
下 xià		22
先 xiān		67
险·險 xiǎn		129
显·顯 xiǎn		117
现·現 xiàn		20
限 xiàn		129
线·線 xiàn		90
相 xiāng, xiàng		55
响·響 xiǎng		138
想 xiǎng		77
向 xiàng		64
项·項 xiàng		99
象 xiàng		140
像 xiàng		126
消 xiāo		87
销·銷 xiāo		105
小 xiǎo		35
校 xiào		123
效 xiào		133
些 xiē		54
协·協 xié		113
写·寫 xiě		166
心 xīn		41
新 xīn		14
信 xìn		55
兴·興 xīng, xìng		162
星 xīng		119
形 xíng		114
型 xíng		112
行 xíng, háng		13
性 xìng		55
需 xū		113
许·許 xǔ		96
续·續 xù		105
选·選 xuǎn		80
学·學 xué		25
训·訓 xùn		166
讯·訊 xùn		100

Y

压·壓 yā		169
亚·亞 yà		92
严·嚴 yán		150
研 yán		121
演 yǎn		113
验·驗 yàn		159
阳·陽 yáng		155
样·樣 yàng		62
药·藥 yào		173
要 yào		16
也 yě		21
业·業 yè		15
页·頁 yè		165
一 yī		8
伊 yī		170
医·醫 yī		101
已 yǐ		44
以 yǐ		15
义·義 yì		137
议·議 yì		89
亿·億 yì		132
艺·藝 yì		161
易 yì		120
益 yì		139
意 yì		52
因 yīn		48
音 yīn		149
银·銀 yín		120
引 yǐn		124
应·應 yīng		58
英 yīng		104
营·營 yíng		98
影 yǐng		85
用 yòng		27
优·優 yōu		138
由 yóu		61
油 yóu		122
游 yóu		107
友 yǒu		140
有 yǒu		9
又 yòu		106
于 yú		20
娱 yú		156
与·與 yǔ		33
语·語 yǔ		160
育 yù		59

预·預 yù	133	照 zhào	147	住 zhù	129
元 yuán	34	真·眞 zhēn	116	注 zhù	106
园·園 yuán	173	圳 zhèn	54	助 zhù	130
员·員 yuán	24	争·爭 zhēng	114	专·專 zhuān	63
原 yuán	65	整 zhěng	97	转·轉 zhuǎn, zhuàn	93
源 yuán	111	正 zhèng	54	装·裝 zhuāng	141
远·遠 yuǎn	164	证·證 zhèng	53	状·狀 zhuàng	165
院 yuàn	66	政 zhèng	41	准·準 zhǔn	101
约·約 yuē	115	之 zhī	34	资·資 zī	31
越 yuè	132	支 zhī	107	子 zǐ, zi	34
月 yuè	23	只 zhī, zhǐ	64	自 zì	26
云·雲 yún	170	织·織 zhī	149	综·綜 zōng	161
运·運 yùn	76	知 zhī	93	总·總 zǒng	56
		直 zhí	81	走 zǒu	108
		值 zhí	136	组·組 zǔ	79
Z		职·職 zhí	122	足 zú	84
		指 zhǐ	94	最 zuì	30
再 zài	95	至 zhì	76	昨 zuó	117
在 zài	8	志 zhì	154	作 zuò	19
载·載 zài	152	制·製 zhì	41	做 zuò	85
造 zǎo	98	治 zhì	115		
则·則 zé	117	质·質 zhì	113		
责·責 zé	112	置 zhì	134		
增 zēng	86	中 zhōng, zhòng	9		
者·者 zhe	18	钟·鐘,鍾 zhōng	168		
这·這 zhè	11	终·終 zhōng	137		
着 zhe, zhuó, zháo	51	种·種 zhǒng, zhòng	55		
展 zhǎn	43	众·眾 zhòng	107		
站 zhàn	108	重 zhòng	36		
战·戰 zhàn	62	州 zhōu	71		
张·張 zhāng	81	周·週 zhōu	78		
找 zhǎo	164	主 zhǔ	27		

183

저자 **홍상욱**

베이징중앙민족대학 민족학과 박사

전 KBS 라디오 ≪신속배달 중국어≫ 진행
전 EBS 라디오 ≪차이나스페셜≫ 진행
전 YTN 라디오 ≪신인류 문화기행≫ 진행
현 수원과학대학교 관광중국어과 조교수
현 EBS 라디오 ≪라디오 중급 중국어≫ 진행 및 집필

〈저서〉
자신감 중국어, 예담차이나(2004)
별난중국어1·2, 기린원(2004)
중국즐겨찾기, 이덴슬리벨(2006)

• 다락원 홈페이지(http://www.darakwon.co.kr)에서
  『중국인이 매일 쓰는 중국어 간체자 668』의
  유료 동영상 강의를 제공하고 있습니다.

중국인이 매일 쓰는 **중국어 간체자 668**

지은이 홍상욱
펴낸이 정규도
펴낸곳 (주)다락원

초판 1쇄 발행 2006년 8월 31일
초판 10쇄 발행 2019년 2월 14일

책임편집 최준희·홍현정
디자인 손혜정·윤지은

다락원 경기도 파주시 문발로 211
내용문의: (02)736-2031 내선 430~439
구입문의: (02)736-2031 내선 250~252
Fax: (02)732-2037
출판등록 1977년 9월 16일 제406-2008-000007호

Copyright © 2006, 홍상욱

저자 및 출판사의 허락 없이 이 책의 일부 또는 전부를 무단 복제·전재·발췌할 수 없습니다. 구입 후 철회는 회사 내규에 부합하는 경우에 가능하므로 구입문의처에 문의하시기 바랍니다. 분실·파손 등에 따른 소비자 피해에 대해서는 공정거래위원회에서 고시한 소비자 분쟁 해결 기준에 따라 보상 가능합니다. 잘못된 책은 바꿔 드립니다.

값 **8,000**원

ISBN 978-89-5995-531-2 13720

http://www.darakwon.co.kr
• 다락원 홈페이지를 방문하시면 상세한 출판정보와 함께 동영상강좌, MP3자료 등 다양한 어학 정보를 얻으실 수 있습니다.